Martin Eichtinger

Steirische Lausbuben Geschichten

Erinnerungen

styria regional

Inhalt

7 Einleitung *(für ältere Leser)*
Weitersfeld
10 Einleitung *(für jüngere Leser)*
12 Unsere Welt
17 Die handelnden Personen
22 Wir werden eine Viererbande
24 Die Rollfähre nach Jugoslawien
28 Das Hochwasser kommt!
36 Unsere Burg
43 Gummigewehr und Papier-U-Hakerln
46 Wagemut und Geisterstunde
51 Der Flieger
54 Stefflasphalt
58 Woazschöl'n
64 Fleischweihe
68 Der Uhu im Baumstrunk
70 Sommergewitter
74 Die Faszination des Fischens
81 Der Tiefstandshecht
88 Blinkern und Fliegenfischen
93 Flüchtlinge durchschwimmen die Mur
98 Preisfischen
102 Mit Karte und Kompass
105 Wir finden den Eisbachteich
114 Der Hahn im Mühlgang
121 Die alte Brücke
126 Die Freuden des Winters

132 Die Rauchkuchl
136 Nachts bei den Schmugglern
145 Mit dem Waschschaff auf der Schwarza
150 Mostpressen
154 Feiertage und lustige Bräuche
158 Kartoffelbraten auf der Schotterbank
166 Nach Mureck ins Bad
172 Die Insel im Tumpf
177 Der Negova-See und Marija Snežna
182 Alarm, die Hornisssen kommen
190 Woazbrat'n
198 Kanada
201 Schlussbemerkung

Einleitung
(für ältere Leser)

Weitersfeld

Als ich auf die Welt kam, fanden meine Eltern, dass die Wohnung in Graz bei der Herz-Jesu-Kirche für zwei Kinder zu wenig Auslauf bieten würde. So kauften sie in dem kleinen südsteirischen Ort Weitersfeld, etwa fünf Kilometer von Mureck entfernt, ein Stück Grund und begannen ein kleines Wochenendhaus zu bauen.

Der Ortsteil Weitersfeld-Mur besteht nur aus zwei Bauernhöfen und einem Fährübergang über die Mur (damals nach Jugoslawien, heute nach Slowenien). Daneben gibt es Weitersfeld-Dorf und ganz draußen an der Bundesstraße, schon fast zwei Kilometer von unserem Haus entfernt, Weitersfeld-Straße.

Das kleine, fischerhüttenartige Häuschen mit Erdgeschoss und erstem Stock war 1962 bezugsfertig, und ab dann verbrachten wir jede freie Minute, Wochenenden, Feiertage und alle Ferien (als wir größer wurden mit Ausnahme von Urlaubsreisen) in Weitersfeld.

Weitersfeld war ein Kindertraum. Es war unberührte, wilde Auenlandschaft mit Tierreichtum, es war die für Stadtkinder faszinierende Welt der Bauern, es war Freiheit und Lebenserfahrung.

Es ist das Einssein mit dem Ort, das nicht neu Erfahren-Müssen, das Bescheid-Wissen. Der Ort atmet in einem. Jede kleine Veränderung in der Umgebung, im Geruch und in der Atmosphäre des Orts wird vom Körper wahrgenommen, gewogen, bewertet und zu den Erfahrungswerten eingereiht.

Glücklich, wer einen Ort hat, aus dem er entwachsen ist und mit dem er einen ewigen Faden der Zugehörigkeit gesponnen hat. Es ist Kraft, pures Lebenselixier, das ein solcher Ort ungefragt anbietet – injiziert.
Das Dort-Sein ist der Wert an sich, das Dort-Leben wird zum Ereignis.

Erst später lernte ich, dass dieses Land an der Mur auch eine sehr bewegte Geschichte hatte. Römer, Awaren, Slawen, Bayern, Ungarn, Türken kamen, siedelten und verließen das Land, nicht ohne Spuren zu hinterlassen. In Weitersfeld gab es ein Wasserschloss, das der Sage nach von einem grausamen Raubritter bewohnt wurde. Bis 1919 war die Auenlandschaft an der Mur kein Grenzgebiet. Die Katastrophen der beiden Weltkriege forderten von der Bevölkerung an der Mur große Opfer. Viele kehrten aus den Kriegen nicht mehr zurück. Noch heute gibt es keinen Ort entlang der Mur, der nicht auf einem Kriegerdenkmal die Namen der Gefallenen verzeichnen würde.

Eine besondere Gruppe unter den Einheimischen in Weitersfeld bildeten die in der ehemaligen Untersteiermark beheimateten deutschsprachigen Steirer, die nach dem Ersten oder nach dem Zweiten Weltkrieg das heutige Slowenien verlassen mussten und sich – möglichst nahe ihrer ursprünglichen Heimat – ansiedelten. Oftmals hörte ich als kleiner

Bub die Geschichten von den blühenden Landwirtschaften, die sie jenseits der heutigen Grenze besessen hatten.

Durch große Regulierungsarbeiten an der Mur existieren viele der in diesem Buch beschriebenen Orte heute nicht mehr, Schlägerungen zur Vergrößerung der Ackerflächen haben das Gebiet weiter verändert. Viele der im Buch vorkommenden Personen leben heute nicht mehr. Noch immer gibt es, vor allem zwischen Lichendorf und Spielfeld, aber auch zwischen Gosdorf und Radkersburg dichte Auenlandschaften mit ihren natürlichen Schönheiten.

Auch das Jugendparadies der Viererbande gibt es nicht mehr. Es lebt aber im Herzen derer weiter, die diese Zeit erlebt haben. Das vorliegende Buch stellt den Versuch dar, die Erinnerungen an Kinder und Jugendliche weiterzugeben und ihre Abenteuerlust zu wecken.

Einleitung
(fur jüngere Leser)

Stell' dir vor, du darfst alles, was du in deinen Kinderbüchern liest, auch wirklich selbst erleben. Das wäre sehr anstrengend, aber auch wunderschön. Manches, was in Kinderbüchern steht, gibt es gar nicht: wenn es um Besucher von anderen Planeten geht, oder wenn Menschen hexen oder zaubern können wie Harry Potter.

Anders ist es mit diesem Buch. Viele der Geschichten der Lausbuben kannst auch du erleben, wenn du neugierig bist und die Welt um dich herum entdecken magst. Das geht viel leichter, wenn du irgendwo am Land lebst. Dort kannst du Dinge tun, die in der Stadt einfach nicht möglich sind. Aber das Land ist nie weit von der Stadt entfernt, und wenn du lange genug bettelst, kannst du sicher mit den Eltern oder den Großeltern aufs Land fahren.

Schön ist es, wenn man irgendwo eine längere Zeit auf dem Land wohnen kann. Denn die lustigsten Ideen bekommt man, wenn man seine Umgebung wirklich gut kennt. Dann kann man die Menschen beobachten und lernt auch die Blumen und Tiere kennen, die dort leben.

Oft muss man sich auch sehr anstrengen, dass man die Menschen am Land versteht, wenn sie miteinander reden. Viele von ihnen sprechen einen Dialekt, das heißt sie verwenden Worte, die wir in der Stadt nicht kennen.

Das Leben am Land ist langsamer als in der Stadt. Die Jahreszeiten sind sehr wichtig. Zu jeder Jahreszeit, Frühjahr, Sommer, Herbst und Winter, gibt es bestimmte Arbeiten, die erledigt werden müssen. Und auch die Natur verändert sich rund um das Jahr. Wenn man am Land wohnt, dann lebt man mit der Natur.

Lausbub sein ist nicht leicht. Ein echter Lausbub spielt Streiche, die lustig sind, aber niemandem wehtun. Wenn man nachdenkt, kommen einem immer Ideen, was man erforschen könnte. Für manche Streiche muss man mutig sein und darf keine Angst haben. In jedem Fall ist es viel lustiger, wenn man Lausbubenstreiche in einer Gruppe plant und zusammen mit anderen Kindern macht. Auch du kannst ein Lausbub sein!

Dieses Buch soll dir Ideen geben, was man alles so anstellen kann. Manche Streiche, die wir gemacht haben, sind nicht so toll gewesen und wir haben gelernt, dass man gut überlegen muss, bevor man etwas tut, was schlecht ausgehen könnte.

Jetzt wollen wir dich aber nicht mehr länger auf die Folter spannen. Ein bisschen musst du noch über uns und unsere Welt in Weitersfeld lesen, damit du dir vorstellen kannst, wie es dort aussieht. Aber dann geht es gleich los!

Unsere Welt

Weitersfeld an der Mur. Wie waren wir hierher gekommen? Vater begleitete unseren Opa in den Nachkriegsjahren auf Fischausflüge in die Südsteiermark, und der war wieder durch irgendeinen Zufall hierher gekommen.

Vater erzählte immer von den Zugfahrten von Graz und den Übernachtungen am Heuboden bei Bauern im Dorf. Noch vor dem Morgengrauen weckte sie meist die Kälte, sie standen auf und gingen an die Mur oder den Mühlgang fischen. Abends fuhren sie dann wieder mit der Bahn nach Graz.

Solange ich denken kann, gibt es unser kleines Häuschen. Es steht in einem kleinen Garten mit einer großen Forsythienhecke darum herum. Es hat zwei Stockwerke und keinen Keller. Im Erdgeschoss haben wir eine kleine Küche mit einer Sitzecke, ein Wohnzimmer und eine Toilette. Im Wohnzimmer gibt es einen Dauerbrandofen, der das ganze Haus heizen soll, es aber im Winter niemals ganz schafft.

Am Dachboden, auf den man über eine steile Holzstiege klettern muss, gibt es zwei Schlafzimmer mit je zwei Betten. Das Kinderzimmer im Süden und das Elternzimmer im Norden. Jedes hat ein Doppelfenster. Wenn wir aus dem Fenster schauen, sehen wir die Lichter der Papierfabrik im Ort Sladki Vrh in Jugoslawien.

Hinter unserem Haus beginnt gleich ein dichter Wald. Im Norden gibt es eine kleine Lichtung, über die ein Weg in den Wald führt. Im Süden führt eine Wiese bis zum Mühlgang. Vor unserem Haus läuft die Straße vorbei. Sie kommt aus dem Dorf und führt zur Überfuhr. Aber dazu später. Die Straße aus dem Ort kommt kerzengerade auf unser Haus zu und überquert nur hundert Meter vor unserem Haus im Wald mit einer kleinen Holzbrücke den schmalen Schwarzabach. Sobald man an unserem Haus vorbeifährt, kommt man nach weiteren hundert Metern zum Mühlgang, der ein ganz ausgewachsener Bach ist. Über ihn führt eine Betonbrücke.

Unser Haus liegt also in einem Dreieck zwischen der Straße und den beiden Bächen, die ein Stück hinter unserem Haus im Wald zusammenfließen und sich gemeinsam auf den Weg zur Mur machen.

Vor unserem Haus liegen zwei Bauerngehöfte. Sie gehören zwei alten Bäuerinnen: Frau Sirf und Frau Počič. Beide sind seit langer Zeit verwitwet. Frau Sirf und Frau Počič haben Kühe und Schweine, Hühner, Katzen und besitzen viele Felder. Auf ihren Feldern wachsen Mais, Kürbisse und Kartoffel. Viele Felder sind aber auch ganz normale Wiesen voller Blumen und mit Gras, das als Futter für die Tiere verwendet wird.

Beide Bauernhöfe haben ein Haupthaus und Nebenhäuser. In den Nebenhäusern befinden sich die Ställe und die Heuböden, die bald unser Lieblingsaufenthaltsort werden sollten. Davon aber später.

Jeden Samstag nach der Schule fuhren wir nach Weitersfeld. Während der Volksschule und in den ersten Klassen meiner Mittelschulzeit fuhren wir mit dem Zug. Das war

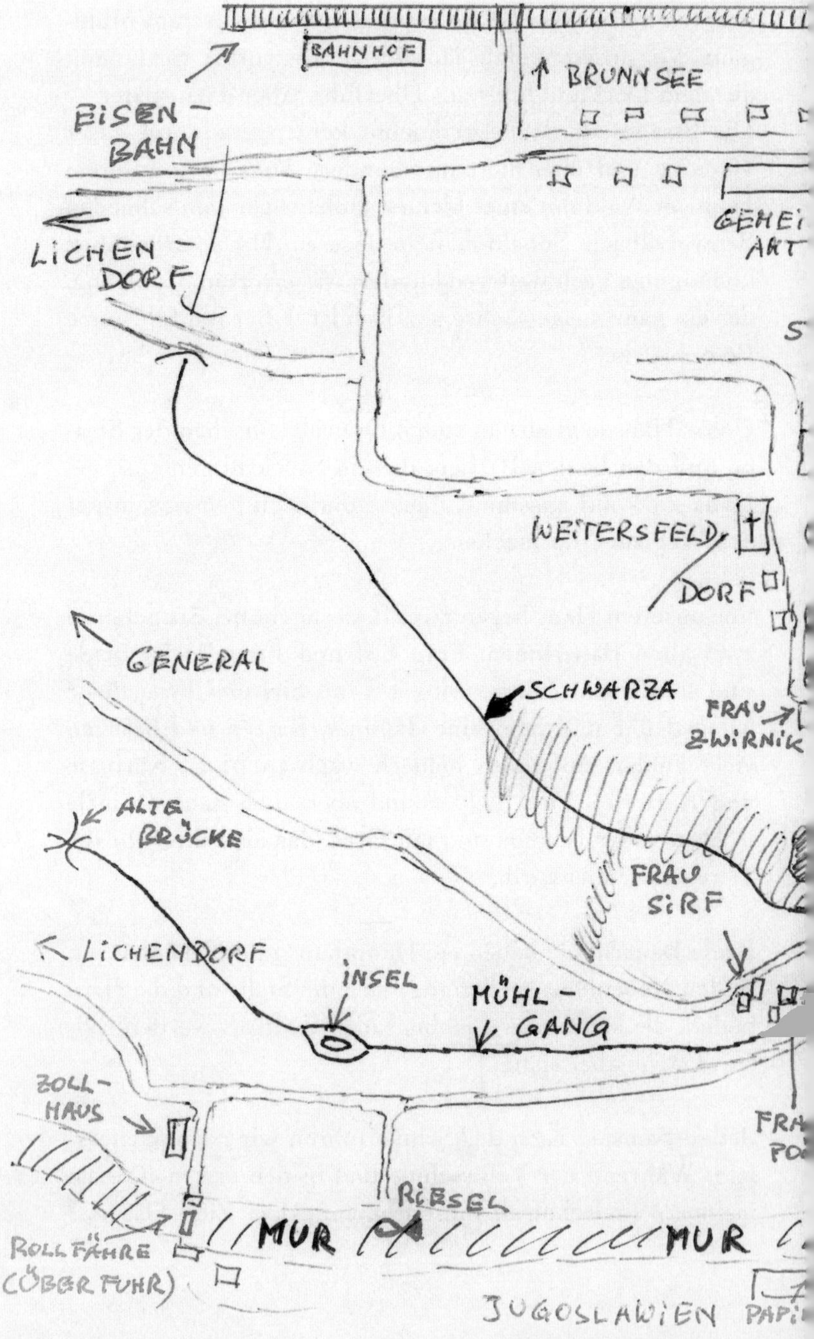
BAHNHOF
BRUNNSEE
EISEN-
BAHN
LICHEN-
DORF
GEHEI
ART
WEITERSFELD
DORF
GENERAL
SCHWARZA
FRAU
ZWIRNIK
ALTE
BRÜCKE
FRAU
SIRF
LICHENDORF
INSEL
MÜHL-
GANG
ZOLL-
HAUS
RIESEL
MUR
MUR
ROLLFÄHRE
(ÜBERFUHR)
JUGOSLAWIEN
PAPI
FRA
PO

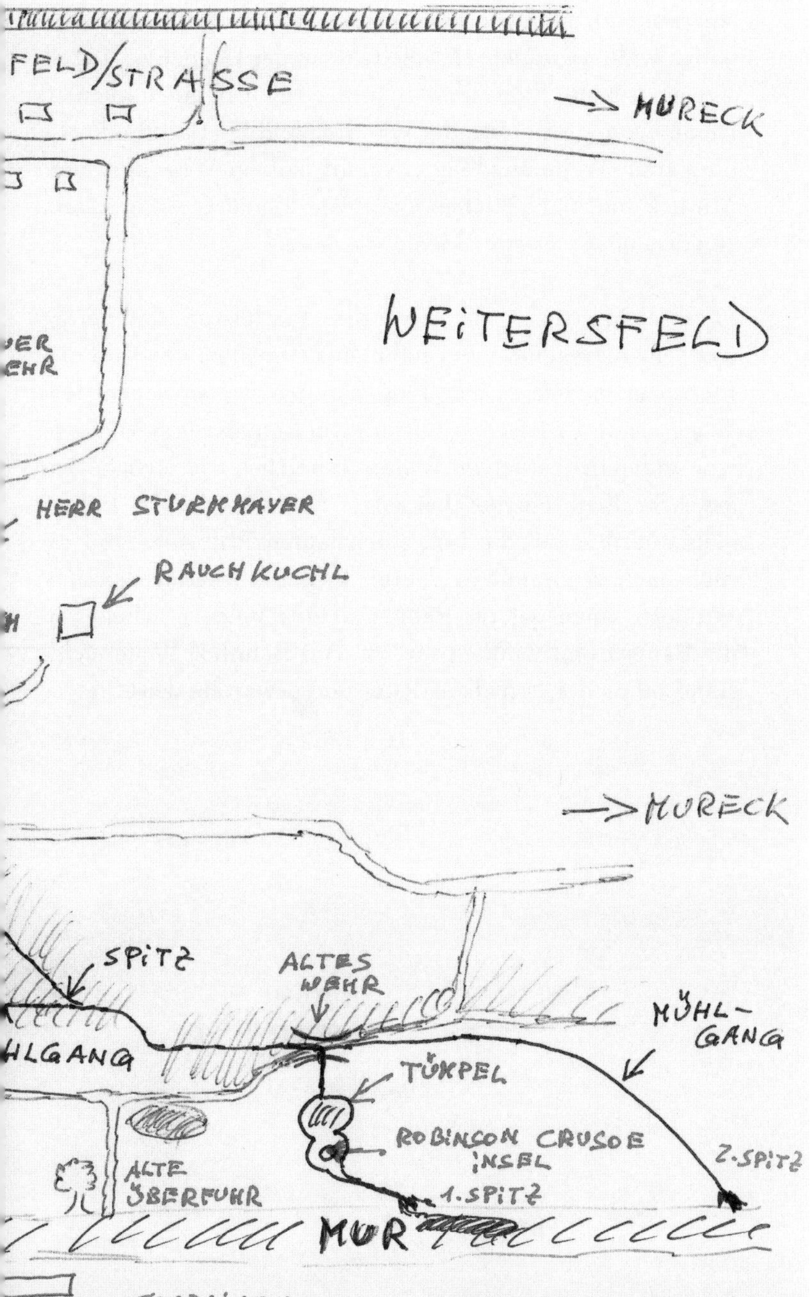

FELD/STRASSE
→ MURECK
WEITERSFELD
HERR STURMMAYER
RAUCHKUCHL
→ MURECK
SPITZ
ALTES WEHR
MÜHL-GANG
HLGANG
TÜMPEL
ROBINSON CRUSOE INSEL
2. SPITZ
ALTE ÜBERFUHR
1. SPITZ
MUR
SLADKI VRH
JUGOSLAWIEN

anstrengend, denn wir mussten alles, was wir in Weitersfeld haben wollten, tragen. In Spielfeld, an der Grenze zu Jugoslawien – heute Slowenien –, mussten wir in einen kleinen Bummelzug umsteigen, der von Spielfeld bis Bad Radkersburg fuhr. Weitersfeld lag etwa auf halbem Weg, kurz vor Mureck und nach Lichendorf. Eine kleine rote Diesellok zog drei oder vier ganz kleine Waggons.

Diese Fahrtstrecke, die etwa eine Viertelstunde dauerte, war sehr aufregend. Vater nahm uns Buben nämlich auf die Plattform im Freien mit. Dort standen wir zwischen den Waggons in der frischen Luft, die im Sommer voll Mücken war und in der es sich im Winter so herrlich frieren ließ. Bei jeder Straßenkreuzung, bei jedem Feldweg, der das Bahngleis querte, stieß die Lok einen lauten Pfiff aus. Und es roch nach verbranntem Diesel. In den vorbeihuschenden Wäldern sahen wir oft Rehe. Auf den Feldern arbeiteten die Bauern und winkten uns zu. Am Bahnhof Weitersfeld stand schon der Fahrdienstleiter und erwartete den Zug.

Die handelnden Personen

Frau Sirf

Unsere Nachbarin, deren familiäre Wurzeln in das Abstaller Becken im heutigen Slowenien zurückreichten, war eine stolze Großbäuerin. Das Schicksal hatte es mit ihr nicht sehr gut gemeint. Jung und kinderlos verwitwet bewirtschaftete sie mit nur einer Magd einen mittelgroßen Bauernhof, dessen Felder genug Ertrag für ein Dutzend Stück Großvieh, Schweine und reichlich Federvieh brachten. Schließlich adoptierte sie den unehelichen Sohn ihrer Magd in der Hoffnung, einen Erben für den Bauerhof gefunden zu haben. Diesen zog es aber in die weite Welt, und auch die Magd verließ den Hof. Frau Sirf verpachtete die meisten ihrer Felder und Wälder und schränkte ihren Viehbestand auf das ein, was sie selbst zu ihrem Leben brauchte.

Frau Počič

Auch unsere zweite Nachbarin war verwitwet. Doch hatte sie einen Sohn, der sich mit seiner Familie in Mureck niedergelassen hatte. Die beiden Enkelkinder waren in ihrer Jugend – sie waren etwas älter als wir – häufige Gäste bei der Großmutter und oft auch unsere Spielgefährten. Der Hof von Frau Počič hatte viel weniger Grund als jener von Frau Sirf. Solange ich mich zurückerinnern kann, lagen die beiden Bäuerinnen in einem freundschaftlich-rivalisierenden Wettstreit. Wer hatte den ersten Fernseher, wer das schönere Haus, wer das bessere Geselchte. An manchen Tagen wurde das Gartentor im Zaun, der die beiden Grundstücke und Bauernhöfe trennte, versperrt, weil man sich nicht ausstehen konnte, nur um dann bald darauf wieder in trauter Zweisamkeit mit den großen alten Puch-Fahrrädern nach Mureck in die Kirche zu fahren.

Frau Zwirnik

Es muss die harte Arbeit am Feld gewesen sein, für die es damals in den Sechziger- und Siebzigerjahren nur wenig maschinelle Unterstützung gab – schon ein Traktor war nur etwas für die größeren Bauernhöfe –, sicher auch ein Grund für den frühen Tod vieler Bauern. So war auch Frau Zwirnik Witwe. Sie bewohnte das kleine Bauernhaus am Ende der langen Geraden, die von unserem Haus nach Norden führte, und an dem vorbei man um eine scharfe Kurve fuhr, ehe – nach einer weiteren Kurve – die ersten Bauernhäuser von Weitersfeld-Dorf auftauchten. Von Frau Zwirnik, einer kleinen Person, die immer leicht nach vorne gebeugt in schnellen Trippelschritten an unserem Haus vorbei zu Besuch bei ihren zwei Freundinnen kam, ist mir seltsamerweise ihre Korbtasche in Erinnerung. Diese aus Stroh geflochtene Korbtasche mit Lederhenkeln konnte sie bei ihren Fahrten nach Mureck auch über die Lenkstange ihres Rades hängen. In diesem Falle war sie schon von weitem zu erkennen, wenn sie, mit Mantel und Kopftuch bekleidet – die Bäuerinnen in der Gegend waren selten ohne Kopftuch unterwegs –, die lange Gerade heruntergeradelt kam und beim Kreuz in die Straße nach Mureck einbog. Frau Zwirnik hatte eine finstere Stube, in die wir Kinder nicht sehr gerne gingen. Der benachbarte Wald, das Schneeglöckchen- und Krokusparadies von Weitersfeld, warf seinen Schatten auf ihren Hof. Sie nähte viel bei Tag ohne Licht, und ich wunderte mich stets, wie sie dies schaffte.

Stockerwirt

Am Dorfplatz gelegen, war dieses Dorfgasthaus die zentrale Umschlagstelle für den Tratsch des Dorfes. Anglerlatein, also die leichte bis schwere Übertreibung über die Größe der gefangenen Fische, war dort an der Tagesordnung, und mit jedem Bier wurden die Erzählungen fantastischer. Dabei wurde am Mühlgang und in der Mur von den Dorfbewohnern nur selten geangelt. Das war offensichtlich uns Städtern vorbehalten. Die Einheimischen waren mit dem Trauper unterwegs. Ein Trauper besteht aus einer vier bis fünf Meter langen Stange mit etwa fünf Zentimeter Durchmesser, an deren Ende ein Kreuz aus vier kurzen Metallröhren angebunden ist. In diese Röhren werden etwa eineinhalb Meter lange biegbare Eisenstangen gesteckt, die die vier Ecken eines quadratischen Fischnetzes auseinanderziehen. Der Trauperer legt mit der Stange das Netz in den Fluss und wartet eine Weile, bis die Fische wieder über die Stelle des Netzes schwimmen. Dann wird das Netz mit einem Ruck hochgehoben und nicht selten ist dann auch ein größerer Fisch mit drin. Von den Anglern, die mit Rute und Solin in waidmännischer Art Jagd auf Fische machten, wurden die Trauperer verächtlich als „Wasserseicher" bezeichnet.

Herr Sturmmayer

Unweit des Stockerwirtes steht – mitten im Ort – ein großer Bauernhof, der größte des Ortes. Von ihm hatten meine Eltern das Grundstück für den Bau unseres Hauses gekauft, und er und seine Frau waren der Familie all die Jahre ganz besonders freundschaftlich verbunden. Beim Haus hieß es Fietsch, weshalb der Bauer, Josef mit Vornamen, oft auch Fietschn-Seppl genannt wurde. Der „Beim-Haus-Name“ oder Vulgo-Name war die Orientierungshilfe am Land schlechthin. Hatte ein Bauer eine Erbin eines Hofes geheiratet und sozusagen zugeheiratet, so war der Vulgo-Name des Hofes Garant dafür, dass jeder im Ort wusste, welches Gehöft gemeint war, auch wenn sich der Name des Eigentümers geändert hatte. Oft wurde die Geschichte des Bauernhofes in künstlerischer Ausgestaltung an der Hausmauer bis zum Namensgeber des Vulgo-Namens zurückverfolgt und stolz präsentiert. Dabei reichten die Namen mehrere Jahrhunderte zurück und zeigten die große geschichtliche Kontinuität der bäuerlichen Besiedlung in der Region.

Auf dem Hof des Sturmmayer-Seppl haben wir viel Zeit verbracht. Er hatte die schönsten Rinder weit und breit, einen sauberen Stall und war in der Rinder- und Schweinezucht sehr erfolgreich. Und er war der ungekrönte Schnapser-König des Dorfes. Dieses Kartenspiel konnten wir schon, bevor wir in die Schule kamen. Das entsprach dem viel erzählten Witz, dass die Kinder am Land vor Schulbeginn bis 66 zählen können, weil das die Grenze zum Gewinn der Schnapser-Partie ist. Seppl wusste beim Viererschnapsen nicht nur, wie viele Punkte jeder hatte, sondern auch bald, wer welche Karten in der Hand haben musste und welcher Weg zum Sieg führte, den man gegen ihn nur selten davontragen konnte. Gerne sind mein Vater, mein Bruder und ich, auch später noch in den Neunzigerjahren, bei Seppl zum Schnapsen eingekehrt.

Der General

Noch heute weiß ich seinen genauen Namen nicht. Er war überall der General. Seine großen Besitzungen schlossen westlich an die Felder von Frau Sirf an und reichten bis zur Ortsgrenze zwischen Weitersfeld und Lichendorf. Es waren kilometerlange Felder, die stets für Monokulturen, im Regelfall Mais, genutzt wurden. Für uns Kinder war es faszinierend, die unendliche Weite dieser Felder zu bestaunen. Dabei hatten wir auch eine Mutprobe der besonderen Art entwickelt: Mitten durch die Felder führte ein Feldweg (ein Roan), zwei stark verwachsene Fahrspuren mit einer hohen Mittelwölbung dazwischen, die es eigentlich nur Traktoren erlaubte, den Weg zu befahren. Von diesem Weg, den wir mit unseren Fahrrädern befuhren, schlugen wir uns durch das Maisfeld zum Mühlgang, wo wir gerne fischten und auch ein Haus gebaut hatten. Es ist gespenstisch, durch ein quadratkilometergroßes Maisfeld zu wandern, wenn der Mais übermenschengroß hochgeschossen ist. Leicht verliert man die Orientierung, auch wenn man in den Furchen zwischen den Maiszeilen geht. Und wenn man alleine unterwegs ist, dann befällt einen die Angst, aus dem Feld nie mehr herauszufinden.

Mitten in den Feldern – zu erreichen nur über den besagten Feldweg – stand das Haus des Generals, das er kaum je bewohnte. Angeblich war er viel auf Reisen in aller Welt unterwegs. Am westlichen Ende seiner Besitzungen hatte der General große Garagen und Geräteschuppen. Von alten Motorbooten über alte Autos bis zu ausrangierten landwirtschaftlichen Maschinen reichte das metallene Wirrwarr. Ein für Buben faszinierender Schrottplatz, aber auch ein Beweis für den Reichtum des Generals.

Wir werden eine Viererbande

Es hatte damit begonnen, dass unsere Mutter meinte, dass mein Bruder Wolfgang und ich Schulkollegen nach Weitersfeld mitbringen sollten, da es in der unmittelbaren Umgebung keine Spielkollegen gab. Wahrscheinlich hatte sie sich auch überlegt, dass wir zwei Brüder in der Anwesenheit von Freunden vielleicht nicht soviel streiten würden. Jedenfalls lud mein Bruder regelmäßig zwei Klassenkollegen ein, und bald war es selbstverständlich geworden, dass die beiden Freunde, Max und Georg, auch während der großen Ferien zu einem mehrwöchigen Aufenthalt nach Weitersfeld kommen würden. Das Haus war nicht groß, aber für uns Buben genügte doch ein Matratzenlager.

Das Jahr über verbrachten wir bereits mit Planungen, was wir im Sommer in Weitersfeld alles anstellen würden. Alle vier träumten wir davon, nach Kanada zu reisen. Kanada war für uns der Inbegriff der Freiheit, seine großen Weiten, seine grenzenlose Natur. Besonders beeindruckte uns, dass wir davon gehört hatten, dass in den Northwest Territories jeder Siedler einen Quadratkilometer Land sein Eigen nennen konnte, sobald er eine Behausung (Blockhütte) erbaute und diese mehr als die Hälfte des Jahres bewohnte.

Wir begannen mit dem Studium des Überlebenstrainings für die Wildnis Kanadas, und „Überlistete Wildnis“von Hans-Otto Meissner war unsere Lieblingslektüre.

In Weitersfeld konnten wir unseren Kanada-Traum mitten in Österreich leben, denn in den damals noch weitgehend unberührten Murauen zwischen Spielfeld und Mureck gab es keine Einschränkung für unsere Trapper-Abenteuer.

Wie könnte man als Sohn eines Fischers nicht vom Reiz des Fischens angesteckt werden? Fischen, Baum- und Erdhütten bauen, Lagerfeuer auf Schotterbänken, nächtliche Wanderungen, Radfahren, auf Bäumen über Bäche klettern, Woazbrat'n, Maronibraten, Eislaufen und Eishockeyspielen auf zugefrorenen Bächen, Bootfahren, Schwimmen, sich mit Karte und Kompass Orientieren: Weitersfeld bot dies alles und noch viel mehr. Langweilig wurde uns auch nach Wochen nicht. Der Katzenjammer vor dem September-Schulbeginn war immer groß.

Die Rollfähre nach Jugoslawien

Wenn man aus unserem Haus hinaustrat und nach links hundert Meter über die Mühlgangbrücke ging, stand man vor einer Weggabelung. Man musste sich entscheiden, ob man nach links Richtung Mureck und zur alten Überfuhr oder rechts zur Überfuhr, also zur Rollfähre über die Mur, ging.

Geradeaus konnte man durch die Bäume das andere Murufer erkennen. Über den Bäumen sah man die Schlote der Papierfabrik in Sladkih Vrh. Wendete man sich nach links, so fuhr oder ging man auf einem Feldweg neben einem langen Feld, das Frau Počič gehörte, ehe man wieder eine Weggabelung erreichte. Ein Weg führte hinaus an die Mur zur „Alten Überfuhr". Hier hatte bis Anfang der Sechzigerjahre die Rollfähre über die Mur den Übergang nach Slowenien für die Bevölkerung von Weitersfeld sichergestellt. Neben einer zweiten Rollfähre weiter westlich zwischen Lichendorf und Ceršak gab es Murbrücken in Spielfeld (ungefähr 7 Kilometer westlich) und in Mureck (ungefähr 5 Kilometer östlich).

Die Landestelle war direkt neben den Fabriksgebäuden gewesen, doch wegen der Ausdehnung des Fabriksgeländes wurde die Fähre versetzt und die Fährstation einen Kilometer weiter flussaufwärts verlegt.

Bog man nicht nach rechts zur Mur ab, sondern fuhr geradeaus in den Wald, so gelangte man vorbei an einem Altwassersee zu einem Wehr des Mühlgangs und einem darunterliegenden Staubecken (dem „Tumpf"), dem Herzstück unseres Abenteuerreiches.

Folgte man nach der Mühlgangbrücke der Schotterstraße nach rechts, so gelangte man entlang des Mühlgangs, vorbei an einem Betonmäuerl und nach der Abzweigung zur Riesel, dem besten Fischplatz an der Mur, zur „Überfuhr", der neuen Anlegestelle der Rollfähre nach Jugoslawien.

Schon damals faszinierte mich der Gedanke, dass auf der anderen Seite der Mur Ausland war. Die Erzählungen der Dorfbevölkerung über Slowenien waren stets kritisch, hatten doch viele Familien und Vorfahren die ehemalige Untersteiermark unter Zwang verlassen müssen und fast alles verloren. Wenige Bauern aus dem Dorf besaßen noch landwirtschaftliche Güter in Jugoslawien. Die Rollfähre, die entweder ein Auto, einen Traktor mit Anhänger oder ein Pferdefuhrwerk über die Mur bringen konnte, machte es möglich, diese verbliebenen Gründstücke zu bewirtschaften. Das war auch der eigentliche Zweck der Fähre. Der Grenzübergang war nur für Einheimische geöffnet und konnte nur mit einem speziellen Grenzübertrittsschein benützt werden. Dieses kleine graue Büchlein, in dem jeder Übertritt penibel vermerkt und abgestempelt wurde, erhielt man nur nach zehnjähriger Ortsansässigkeit. Wie stolz waren mein Bruder und ich, als wir unseren eigenen Grenzübertrittsschein erhielten, da wir seit der Geburt in Weitersfeld als Zweitwohnsitz gemeldet waren.

Die Rollfähre bestand aus zwei Eisenpontons, die mit einer floßartigen Holzplattform überbaut waren. Auf der Platt-

form gab es für die kurze Zeit der Überfahrt Sitzbänke. Flussaufwärts war die Fähre mit einem Stahlseil und einer Laufrolle an einem mehrere Meter über der Mur gespannten Führungsseil befestigt. Flussabwärts war am Ende eines langen Holzstammes ein Ruderblatt befestigt, welches der Flößer hin und her bewegte, um die Fähre in die Strömung zu drehen und am anderen Ufer anzulegen.

Der Betrieb der Fähre oblag den Jugoslawen. Der Fährmann war daher immer ein Jugoslawe, der aber natürlich Deutsch sprach. Er erhielt das Fährgeld und wahrscheinlich auch immer ein Trinkgeld.

Durch das wiederkehrende Hochwasser der Mur hat sich die Fähre oft losgerissen. Einmal trieb sie bis Bad Radkersburg, ein anderes Mal lief sie in Mureck auf Grund und die Eisenpontons mussten mit großer Mühe geborgen werden. Die Anlegestellen wurden mit einem mühselig zu bedienenden Kettensystem jeweils dem Wasserstand der Mur angepasst, damit man mit Fahrzeugen auf die Fähre fahren konnte.

All diese Mühe wurde aber von der lokalen Bevölkerung gerne in Kauf genommen, bildete doch die Fähre eine Lücke im Eisernen Vorhang, der zwischen dem sozialistischen Jugoslawien und dem neutralen Österreich seit dem Zweiten Weltkrieg bestand. Die stark bewachte Grenze bedeutete für den Süden der Steiermark, dass man wirtschaftlich und handelsmäßig am Ende einer Sackgasse und somit in einer toten Zone lebte.

Oberhalb der Überfuhr, an der Grenze zur Gemeinde Lichendorf, gab es in der Mur, die hier 100 bis 120 Meter breit war, ein Wehr, bei dem auf jugoslawischer Seite ein Mühlgang für die Papierfabrik abgezweigt wurde. Dieses Wehr spielt im nächsten Kapitel eine große Rolle.

Das Hochwasser kommt!

Ein fernes Donnern kündigte es an. Unsere große Wiese vor dem Haus, die der Seppl-Bauer im Dorf alle paar Jahre in einen Maisacker oder ein Kürbisfeld verwandelte, öffnete sich nach Westen. Im Sommer war es unser „Wettereck", das heißt, dass Schlechtwetter immer von dort kam. Verfinsterte sich der Himmel „beim General" – seine großen Besitzungen lagen in Richtung Lichendorf, dem nächsten Ort –, so konnte man sicher sein, dass das Gewitter, manches Mal auch ein Unwetter mit Hagel, zu uns kam.

Das Donnergrollen rührte von der Mur her: Am anderen Ufer der Mur, fast genau gegenüber von unserem Haus, lag die Papierfabrik Paloma in Sladki Vrh, oder wie es früher einmal geheißen hatte: Süßenberg. Die Maschinen der Fabrik erzeugten stets ein gleich bleibendes Rauschen, das man aber nach wenigen Stunden des Aufenthaltes in Weitersfeld an der Mur nicht mehr hörte. Nachts erhellten hunderte Lichter der Fabrik den Himmel. Nur zum Nationalfeiertag und zum Jahreswechsel gab es Tage, an denen in der Fabrik die Maschinen still standen, ansonsten liefen sie rund um die Uhr und verbreiteten ihr ständiges Geräusch.

Zur Fabrik gehörte weit flussaufwärts, an der Grenze zu Lichendorf, ein Wehr. Sein Betrieb war sogar schon im Vertrag von St. Germain im Jahre 1919, der nach dem Ersten Weltkrieg die Grenzen des heutigen Österreich bestimmte, festgeschrieben worden. Es diente dazu, aus den Fluten der Mur einen kleinen, bedächtig fließenden Mühlgang abzuzweigen, der aber kräftig genug war, die Turbinen für die Fabrik anzutreiben und damit die Stromversorgung des Werkes sicherzustellen.

Über die Jahre waren die Schleusen des Wehrs eingerostet, die im Bedarfsfall ein Überlaufgerinne für ein Hochwasser freigeben sollten. Niemand war an einer Wartung interessiert. Wichtig war nur, anstürmenden Wassermassen den Zufluss zum Werk zu verweigern, um Schaden von den Maschinen abzuhalten.

So war es auch in jenem denkwürdigen Jahr 1970, in dem unser Garten nicht weniger als sieben Mal überschwemmt wurde. Dabei trat die Mur beim Wehr auf der österreichischen Seite aus den Ufern und eine graubraune Brühe ergoß sich, immer schneller werdend, über die Äcker und durch die Auenwälder. Am Horizont sahen wir es kommen, das Verwüstung bringende Wasser, und bald erreichte es, geifernd, schäumend, kochend die große Wiese vor unserem Haus.

Für Vater brach jedes Mal fast eine Welt zusammen. Er hatte viel Geld und Mühe in einen kleinen, aber sehr gepflegten Garten investiert und eine schöne Sammlung von Rosenstöcken angelegt. Mit überschwänglicher Freude hatte er Besucher mit Rosensträußen der neuesten Zuchtsorten verwöhnt. Umso trauriger stimmte ihn, dass die Wasserwirbel nunmehr die schönen Blüten zerstörten.

Lehm, Gatsch oder Letten – wie die Einheimischen die Schlammablagerungen nannten – bedeckte in der Folge jedes Stückchen Boden, das unter Wasser gestanden war.

Mühsam musste nach jedem Hochwasser Blatt für Blatt mit dem Gartenschlauch abgespritzt werden. Viele Kilo Schlamm mussten mit Scheibtruhen aus dem Garten gekarrt werden.

Für die Bauern in Weitersfeld war das Hochwasser eine Katastrophe. Die ganze Ernte war vernichtet und die Felder mussten erst vom Schlamm befreit werden, damit sie wieder bebaut werden konnten. Es war eine schlimme Zeit, die erst vorbei war, als eines schönen Sommers eine Uferregulierung der Mur errichtet wurde. In der Folge gab es nie mehr ein Hochwasser.

Doch zurück zum denkwürdigen größten aller Hochwasser. Es war dies das Jahr 1965 und nach allem menschlichen Ermessen sollte, ja dürfte ich mich als damals Vierjähriger nicht daran erinnern können. Aber einige Momente haben sich tief in mein kindliches Gedächtnis eingeprägt.

Mein Vater und mein Großvater hatten unser kleines Häuschen ohne Keller gebaut: sie waren sich der Gefahr des Hochwassers und des Grundwasserdrucks bewusst. Eine breite Betontreppe mit drei Stufen führte aus dem Garten in den Vorraum.

Auf der Höhe des obersten Stufenabsatzes endete der Sockel des Hauses. Bis hierhin war das Haus speziell gut isoliert, damit keine Feuchtigkeit in das Haus aufsteigen konnte. Auf dieser obersten Stufe hatte ich meinen Beobachtungsposten eingenommen, als das Wasser im Garten unaufhaltsam stieg. Bald war keine Wiese und kein Blumenbeet mehr zu sehen. Dann erreichte das Wasser die erste Stufe. Meine Begeisterung kannte keine Grenzen: nicht wegen des Wasser, sondern wegen der Fracht, die es trug. Eine Vielzahl kleiner Naturbewohner: Ameisen, Raupen, aber vor allem Käfer: große, bunte, kleine – alle strampelten im verzweifelten Todeskampf und appellierten an meine Hilfsbereitschaft und Menschlichkeit. Ich rettete so viele wie ich nur konnte und bot ihnen in Schachteln vorübergehend Quartier an.

Dosen, Töpfe, Teller – meine Mutter und mein Vater hatten alle Hände voll zu tun, unser Hab und Gut aus dem Erdgeschoss in den ersten Stock zu schaffen. Das ging sehr langsam, denn wir hatten nur eine Patentstiege, die man in den ersten Stock schieben und mit einer Plafondklappe abschließen konnte, wenn man sie nicht benötigte. Denn im ersten Stock lagen nur die zwei Schlafzimmer. Ich mochte sie besonders wegen der Dachschräge, die den Zimmern vor allem in der Nacht und bei stürmischem Wetter und bei Gewitter eine besondere Gemütlichkeit verlieh.

Nach dem Abendessen war ich nach oben geklettert und hatte wohl schon einige Zeit geschlafen, als mich meine Mutter weckte: „Steh' auf", sagte sie. „Du musst dich anziehen. Das Bundesheer kommt uns abholen. Wir müssen fort." Ich war zu verschlafen, um zu verstehen, warum wir fort mussten. Dann fiel mir das Hochwasser wieder ein. Meine Mutter erzählte mir, dass vor ein paar Stunden der Sturmmayer-Seppl aus dem Dorf so weit wie möglich an unser Haus herangeradelt war. Er stand auf dem kleinen, etwas erhöhten Holzbrückerl über der Schwarza und schrie über den sich schwarz dahinschiebenden Hochwassersee zu unserem Haus, dass das Wasser weiter steigen werde und wir uns bereit machen sollten. Das Bundesheer würde bald da sein und uns evakuieren. Wir seien die einzigen, für die Gefahr bestünde.

Frau Počič hatte ihr Haus schon früher verlassen und war zu ihrem Sohn nach Mureck gefahren. Bei Frau Sirf stand der Keller wie so oft zuvor unter Wasser. Das Wohngeschoss war über eine Stiege zugänglich und ziemlich hoch über dem Keller gebaut. Frau Sirf hatte schon vor einiger Zeit erklärt, dass sie im Haus bleiben würde, was immer auch geschehen möge.

Für mich kleinen Knirps war die bevorstehende Rettungsaktion ein absoluter Höhepunkt des sommerlichen Abenteuers. Meine Eltern sahen das nicht so. Sie waren einerseits besorgt, wie die Evakuierung mit einer mehr als 70-jährigen Großmutter funktionieren würde. Andererseits verzweifelten sie bei dem Gedanken, welchen Schaden das weiter steigende und in das Haus eindringende Wasser anrichten würde.

In aller Eile packte meine Mutter unsere wichtigsten Sachen zusammen. Mein Bruder und ich hatten kleine Rucksäcke, in die wir unsere Spielsachen verstauten. Dann hieß es warten. Um 23:30 Uhr – so lange war ich noch nie aufgeblieben – hörten wir Stimmen. Vater hatte unser Licht am Haus eingeschaltet, um den Weg zu weisen.

Es war eine sehr finstere Nacht und wir waren umgeben von schwarzem Wasser. Aus dem Wald bei der Schwarzabrücke hörten wir Schreie, es waren laut geschrieene Kommandos. Lampen blitzten auf und dann schob sich ein großes dunkles Schlauchboot mit vielen Soldaten an Bord an unsere Eingangstüre heran. Der Kommandant des Bootes begrüßte meine Eltern, und in aller Eile begannen wir unsere Habseligkeiten ins Boot zu reichen. Ich saß mit meinem Bruder am Bootsende neben Oma und Mutter. Vater ließ das Licht brennen, versperrte die Eingangstüre und los ging's. Auf Kommando des im Bug sitzenden Hauptmannes ruderten die acht Soldaten in Richtung Schwarzabrücke im Wald. Die Brücke war nicht mehr zu sehen. Sie war überflutet und – wie sich später herausstellte – sogar weggerissen. Die Flutwellen kamen aus dem Westen und schlugen links seitlich an unser Boot. Nach wenigen Metern auf Kurs West begann das Boot bedenklich nach Osten abzudriften. Die Kommandos wurden schärfer, die Soldaten ruderten aus Leibeskräften.

Wir hatten fast den Ort erreicht, an dem sich unsere kleine Holzbrücke befinden sollte, als eine mächtige Strömung unser Boot nach rechts in den Wald drückte. Man konnte das Schwitzen der Soldaten spüren und uns wurde angst und bang. Weiter ging es ins Gestrüpp. Der Hauptmann schrie wie ein Stier und versuchte die Schlagzahl der rudernden Soldaten zu erhöhen. Allein, das Boot hing mittlerweile zwischen den Bäumen und bewegte sich nicht. Durch die Zweige sah ich das Licht unseres Hauses und überlegte, ob der Dachboden nicht doch der sicherere Ort gewesen wäre.

Langsam und mit übermenschlicher Anstrengung der Soldaten löste sich das Boot aus der Umklammerung der Äste und schwankte der Freiheit entgegen. Alle Äste erschienen feindlich und von der Absicht getrieben, das Boot wieder in die Nacht des Waldes zurückzureißen.

„Und vor, und vor!" Geradezu flehentlich brüllt der Kommandant den Soldaten Mut und Entschlossenheit zu. Träge bewegt sich das Schlauchboot gegen die Strömung. Zentimeter um Zentimeter kommt es voran, mehr von Hoffnung als Kraft getrieben. Wir müssen fünfzig Meter über die

Stelle der Brücke hinausgerudert sein, ehe der Kommandant nach Steuerbord rudern lässt. Das Boot dreht sich rasch und schneidet schräg durch die Waldschlucht über die nicht mehr erkennbare Brücke auf das Kreuz zu. Mit einem Satz springt der Kommandant aus dem Boot und ergreift etwas im Wasser. Er hantiert am Bug des Bootes und plötzlich heult ein Windenmotor auf. Etwa fünfzig Meter vor uns steht ein Bundesheer-LKW, der sich plötzlich auf der Geraden in Richtung Dorf in Bewegung setzt und uns langsam aus dem Wasser zieht. Bei der Hälfte der Strecke ins Dorf läuft das Boot auf Grund. Es ist geschafft! Rasch wird das Boot im hinteren Teil des LKW verstaut und wir werden auf die Pritschenbänke gehoben. Wohin jetzt? Vater verhandelt mit dem Kommandanten und wir bleiben vor dem Wohnhaus des Sturmmayer-Seppl stehen. Ein großes Hallo bei der Begrüßung, Umarmungen. Am nächsten Morgen erwache ich im bäuerlichen Schlafzimmer. Der Bauer hatte die Nacht am Heuboden verbracht, damit die Städter in anständigen Betten schlafen konnten.

Ein paar Murfischer waren vom Hochwasser bei der Überfuhr eingekesselt worden. Sie saßen auf einer Halbinsel fest und um sie herum tosten die wilden Fluten. Am Morgen hörten Neugierige, die „Hochwasser schauen" gingen, ein lautes Schreien von Bäumen an der Mur. Die Feuerwehr fuhr mit dem Feuerwehrauto weit in das Hochwasser hinein und sah die armen Fischer in den Bäumen sitzen. Sie hatten dort oben die ganze Nacht zugebracht. Mit Feuerwehrbooten konnten die völlig verstörten Fischer schließlich geborgen werden. Sie erzählten von den Minuten, in denen sie auf der Flucht vor den Wassermassen die großen Bäume am Murufer erklommen hatten. Alles Fischzeug mussten sie zurücklassen. Sie wagten in der Nacht nicht zu schlafen, weil sie Angst hatten, in die Fluten zu stürzen. Ein Fischer hatte die ganze Nacht Rosenkranz gebetet und war überzeugt, dass Gott selbst ihre Rettung ermöglicht hatte.

Groß war unsere Freude und Überraschung, als wir nach zwei Tagen ins Haus zurückkehrten: Das Wasser hatte die oberste Stufe nicht überschritten und selbst im Erdgeschoß war der Boden trocken. Selbst beim schlimmsten Hochwasser hatten wir kein Wasser im Haus!

Die Reparaturarbeiten im Garten hingegen dauerten lange. Schließlich musste Vater das Haus mit Hilfe von Arbeitern aus dem Dorf zur Gänze durchsägen, trocken legen und neu isolieren, da sich das Wasser aus den Fundamenten durch die Wände bis auf die Hälfte der Zimmerwände hochgezogen hatte. Wie gut, dass wir nicht auch noch einen Keller hatten!

Unsere Burg

Die Bauernhäuser der Südsteiermark waren gerade Giebelhäuser, keine Vierkanthöfe. Im Keller, der über eine Stiege neben dem Eingang zu erreichen war, lagerten Kartoffel, Rüben und Salat. Oft war der Wein- und Mostkeller getrennt unter einem anderen Gebäude des Hofes angelegt. Die Häuser hatten nur ein Stockwerk, der Dachboden wurde nur als Abstell- und Rumpelkammer genutzt. Der Stall war ein eigenes Gebäude, oft mit einem Anbau für den Traktor, Anhänger und Heuwagen.

Der Hof von Frau Sirf hatte drei Gebäude, jener von Frau Počič zwei. Beide Bäuerinnen bauten in einem kleinen Garten alles an, was sie zum täglichen Leben brauchten: Salat, Karotten, Bohnen, rote Rüben, Kräuter, Paradeiser. Obstbäume gab es auch hinter dem Haus. Kirschen- und Apfelbäume standen neben ihren Feldern. Damit war auch für den Most gesorgt.

Über den Ställen (Frau Sirf hatte einen Kuh- und einen Schweinestall) gab es einen großen Heuboden. Wagenfuhr um Wagenfuhr an gut riechendem Heu wurde im Spätsommer mit Heugabeln durch eine Dachluke in den ersten Stock der Ställe hinaufgeworfen und sicherte das Futter für die Tiere während des Winters. Bis zum nächsten Sommer waren die Heuböden wieder geleert, ehe sie mit viel Mühe und in vielen Stunden harter Feldarbeit wieder gefüllt wurden. Jahraus, jahrein, der Kreislauf des bäuerlichen Lebens.

Für uns war der Heuboden ein grandioser Spielplatz. Wir gruben Höhlen in das Heu und verbrachten auf Decken und mit mitgebrachtem Essen und Getränken ganze Tage am Heuboden. Die Dachluken, aber auch Ritzen und Spalten im Holzboden und zwischen den Ziegeln gaben den Blick auf den Hof hinter dem Bauernhaus frei. Wir spielten, dass wir unseren Heuboden, unsere Burg gegen die angreifende Bäuerin verteidigen mussten. Frau Sirf spielte prächtig mit. Jedes Mal wenn sie uns sah, schrie sie: „I kriag' eng! (Ich krieg' euch!)" und Lina, die Magd, feuerte sie an: „Nur nacha, nur nacha!" (Nur hinterher, nur hinterher!). Aber auch wenn sie – durchaus schnell – hinter uns herstürmte, oft auch unterstützt von Lina: Sie konnten uns nicht erwischen.

Wir hatten ein ausgeklügeltes System, wie wir von jedem Ort des Bauernhofes in Minutenschnelle auf den Heuboden gelangen konnten. Kletterte Frau Sirf über die Leiter auf den Heuboden, waren wir schon wieder auf der anderen Seite herunter und um die nächste Hofecke verschwunden.

Dabei ging es nicht immer ohne Risiko zu: Es gab Teile des Heubodens, die nicht benützt wurden und wo seit Jahren niemand hingekommen war. Hier waren Bodenbretter morsch und lose. Tauben hatten viel Dreck hinterlassen. Im Dach hingen Wespennester, von denen man nie wusste, ob sie gerade bewohnt waren. Über manche Stellen turnten wir auf schmalen Brettern und blicken durch Löcher im Boden fünf, sechs Meter nach unten. Es waren echte Mutbeweise, über manche unserer „geheimen" Passagen zu klettern.

Wir hatten einen Plan unserer Burg gezeichnet. Auf ihm waren die Verstecke unserer Sachen, wie Decken, U-Ha-

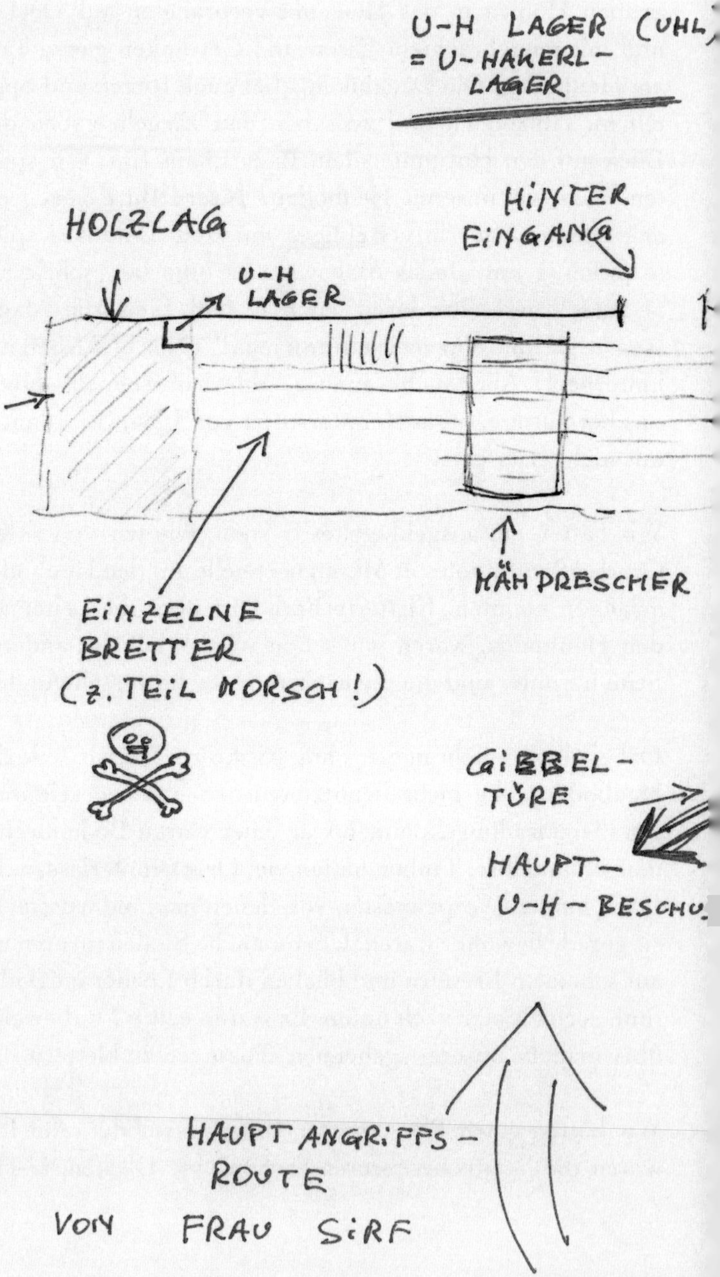

U-H LAGER (UHL)
= U-HAKERL-
LAGER
HOLZLAG
U-H
LAGER
HINTER
EINGANG
MÄHDRESCHER
EINZELNE
BRETTER
(Z. TEIL MORSCH!)
GIEBEL-
TÜRE
HAUPT-
U-H-BESCHU
HAUPTANGRIFFS-
ROUTE
VON FRAU SIRF

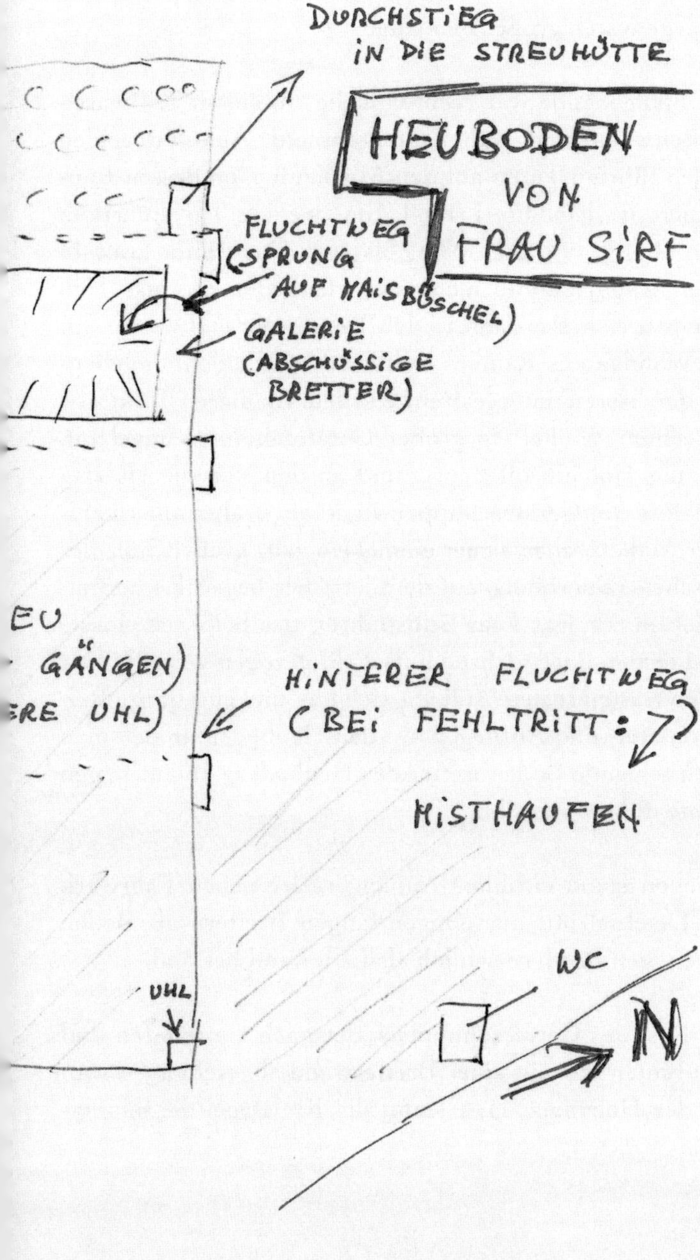
DURCHSTIEG
IN DIE STREUHÜTTE
HEUBODEN
VON
FRAU SIRF
FLUCHTWEG
(SPRUNG
AUF MAISBÜSCHEL)
GALERIE
(ABSCHÜSSIGE
BRETTER)
EU
GÄNGEN)
ERE UHL)
HINTERER FLUCHTWEG
(BEI FEHLTRITT:
MISTHAUFEN
WC
UHL
N

kerl-Lager etc. eingezeichnet, aber vor allem auch alle Aufstiege auf den Heuboden und alle „Notabstiege", falls jemand nachsehen kam und wir „flüchten" mussten. Diese Auf- und Abstiege waren große Abenteuer.

Das Stallgebäude war rechtwinkelig. In einem Teil waren die Schweine und Kühe untergebracht. Aus den beiden Ställen führten Türen auf den Misthaufen, an dessen Rande auch das Klohütterl stand. Eine weitere Türe führte in einen Raum, der nach oben bis zum Dach offen war. In diesen Raum konnte man vom Heuboden aus das Heu hinuterwerfen, das dann zu den Tieren gebracht wurde. An den Wänden des Raumes standen Maisstauden, die ebenfalls den Tieren untergestreut wurden. An diesen Trakt war im rechten Winkel ein großer Geräteschuppen angebaut, der zum Hof hin offen war und an den sich die Holzlag anschloss. Im Geräteschuppen stand ein uralter amerikanischer Mähdrescher, sicher einmal ein ganz großer Stolz des Sirfschen Bauernhofs, auf dem jetzt wir begeistert herumkletterten. Er war kein Selbstfahrer, das heißt, er musste von Pferden oder Ochsen aufs Feld gezogen werden. Der riesige Kasten rostete still vor sich hin und eine ganze Reihe von Auf- und Abstiegen auf den Heuboden, in den man durch fehlende Bodenbretter des Heubodens hinaufsteigen konnte, führte über ihn.

Daneben stand ein alter Anhänger, der neben Fahrwerk und Deichsel nur aus einigen langen Brettern als Boden und einigen Brettern seitlich als Ladewand bestand.

Der Rest des Geräteschuppens, der nach vorne offen und nach hinten nur mit einer Bretterwand abgeschlossen war, war der Holzplatz. Hier stand die Kreissäge, die mir immer große Angst einflößte. Vater durfte mit ihr unser Holz für den Winter schneiden. Der große Motor, der mit Starkstrom betrieben werden musste, übertrug seine Kraft mit einem breiten Lederriemen auf die Sägeachse. Ich war in ständiger Angst, dass mein Vater sich in die Hand schneiden würde, weil meine Mutter einmal davon erzählt hatte, dass sich ein Bauer im Dorf den ganzen Arm durchgesägt hatte.

Hier lernte ich Holzhacken. Frau Sirf und der alte Herr Zwinski, der regelmäßig Frau Sirf besuchte und ihr am Hof half, zeigte mir, dass das wichtigste war, dass man immer die Beine beim Holzhacken grätschte, damit man sich beim Durchschlagen des Holzstückes nicht in den Oberschenkel hackte. Als Hackstock diente ein sehr großer Baumstrunk. Oft hackten wir Holz für Frau Sirf und brachten es ihr auch ins Haus. Dafür bekamen wir immer etwas: drei Eier oder eine geräucherte Wurst mit Verhackertem mit herrlichem selbstgebackenen Brot.

In der anschließenden Holzlag wurde Kleinholz für den Ofen gelagert. Das waren Zweige und Holzabfall vom Holzhacken, sehr praktisch zum Feuermachen und von Frau Sirf immer in der Holzlade unter ihrem Küchenherd gelagert.

Zwischen Geräteschuppen und Stall führte ein Weg zu einer kleinen Türe in der Bretterwand, durch die man den Bauernhof in westlicher Richtung verlassen konnte. Hier gab es noch eine Streuhütte, die an die Stallungen angebaut war. Mit der Scheibtruhe wurden im Herbst die auf dem Bauernhof zusammengerechten Blätter in diese Streuhütte gebracht, wo sie für das Einstreuen in die Ställe gelagert wurden. Kein Naturprodukt wurde verschwendet, alles hatte seine wichtige Funktion.

Einer der Abstiege von unserer Burg führte durch ein Loch im Bretterboden in diese Streuhütte. Es war ein lustiger Abstieg, denn sobald man durch das Loch gekrochen war, konnte man sich fallen lassen und fiel aus drei Meter Höhe direkt in die weichen Blätterhaufen.

Gummigewehr und Papier-U-Hakerln

Zur Verteidigung unserer Burg verfügten wir über zwei Waffen, das Gummigewehr und U-Hakerln. Das Gummigewehr war bei den Kindern von Weitersfeld allgegenwärtig. Es bestand aus einem Stück Holz, eigentlich einem Stück Brett, das wie ein Gewehr zugeschnitten wurde. Auf der Schmalseite des Brettes wurde bei zwei Drittel der Länge eine Kluppe auf das Brett genagelt. Zu dem Zweck musste man die Kluppe auseinander nehmen. Der Unterteil wurde auf das Brett genagelt, ehe die Kluppe wieder zusammengesetzt wurde.

Das Geschoß war ein Rex-Gummi. Rex war der Name der Firma, die Einkochutensilien produzierte, von Gläsern über Gummiringe bis zu großen Einkochbehältern. Diese Gummiringe gab es im Laden im Dorf zu kaufen. Da auch mein Vater gerne Kompotte und wunderbare Marmeladen einkochte oder wie es auch hieß „einrexte“, gab es diese Gummiringe auch bei uns daheim in Hülle und Fülle.

Wirklich gut flogen aber nur neue Gummis, weshalb wir sehr oft mit den Rädern ins Dorf fuhren, um neue Rex-Gummis – es gab sie in Zehnerpackungen – zu kaufen.

Diese Rex-Gummis musste man mit ihrer Ausbuchtung (die eigentlich zum Herausziehen aus dem Spalt zwischen Deckel und Einkochglas dienten) auf dem Ende des Gewehrs festhalten und dann den Gummi soweit nach hinten ziehen, dass er in der Kluppe einrasten konnte. Ein gut gespannter Gummi konnte im Idealfall bis zu zwanzig Meter weit fliegen. Er verursachte keine Verletzung. Nur auf der bloßen Haut brannte er etwas.

Mit Rex-Gummis konnte man auch herrlich Papier-U-Hakerln schießen. Diese flogen dann je nach Beschaffenheit sogar noch um einiges weiter. Um entsprechende Lager am Heuboden anlegen zu können, von wo wir auf die herbeieilende Frau Sirf oder die Magd Lina schossen, saßen wir vier lange Nächte und wickelten U-Hakerln. Dies war ein recht mühsamer Prozess, aber wir entwickelten bald eine erstaunliche Fingerfertigkeit.

Ideal für U-Hakerln war ein etwas stärkeres Papier. So eigneten sich insbesondere Firmenkataloge in ganz hervorragender Weise für die Produktion unserer Geschosse, die wir uns zu beschaffen wussten. Jedes Frühjahr und jeden Herbst fand in Graz die Große Messe statt. Der Messebesuch war schon wegen des Vergnügungsparks ein Pflichttermin für uns Kinder. Auch die Eltern gingen gerne auf die Messe. Mein Vater war ständig auf der Suche nach Verbesserungen für das Weitersfelder Haus und ein begeisterter Hobby-Handwerker und Gärtner. Da es damals noch keine großen Baumärkte gab, war die Messe der perfekte Ort für ihn. Auch im Bereich der Elektronik und der Wohnungs- und Kücheneinrichtung zeigte die Messe jedes Jahr die neuesten Produkte und das oft mit einem Messesonderangebot und besonders günstigen Einführungspreisen.

Wir wanderten durch die Messehallen und sammelten so viele Kataloge, wie wir nur tragen konnten. Und dann hatten wir die Abende während des Schuljahres, an denen wir in weiser Voraussicht unserer „Notwendigkeiten" in den Sommerferien an der U-Hakerl-Produktion arbeiten konnten. Die fertigen U-Hakerln wurden in Kakao-Dosen gelagert, über ihren Bestand wurde sorgfältig Buch geführt.

Im darauf folgenden Sommer waren wir besser als je zuvor „gerüstet". Ein genauer Plan zeigte, an welchen Stellen des Heubodens Lager mit U-Hakerln versteckt waren, so dass wir jederzeit „nachladen" und die „angreifende" Frau Sirk und ihre Magd beschießen konnten. Oftmals wurde auch meine Mutter versehentlich beschossen, wenn sie kam, um uns von der Burg zum Essen zu holen.

Wagemut und Geisterstunde

Georg war der Wagemutigste von uns vieren. Er hatte auch das beste Balancegefühl und war schwindelfrei. Er war der erste, der auch auf noch so schmalen Brettern über die schwindelnden Tiefen unseres Heubodens balancierte und er erkletterte die schwierigsten Auf- und Abstiege unserer Burg.

Von unserer Burg waren es nur etwa hundert Meter bis zum Mühlgang, der das Grundstück von Frau Sirf begrenzte und ruhig dahin floss. In diesem Abschnitt hatte Vater schon öfters Karpfen gefangen, die den ruhig fließenden, ja teilweise stehenden Mühlgang liebten.

Ging man entlang des Flusses weiter westwärts, so wurde er schmäler und floss viel schneller. In diesem Abschnitt bis zur Insel im Fluss, die nur mehr einen halben Kilometer von der Überfuhr entfernt war, waren die Ufer mit dichtem Unterholz bewachsen. Mannshohe Brennnesseln machten ein Durchkommen schwierig. Das stark verwachsene Flussufer hatte dazu geführt, dass die Bauern diesen Teil des Waldes nicht bewirtschafteten. Vom Sturm geknickte Bäume lagen kreuz und quer am Boden, einzelne Bäume waren über den Mühlgang gestürzt und lagen auf dem anderen Ufer auf.

Wir führten ein genaues Verzeichnis der Bäume, die auf diese Weise natürliche Brücken über die Fluten boten. Die meisten von ihnen waren noch immer stark bewachsen, was ein Darüberklettern sehr schwierig machte. Wolfgang und ich hatten in solchen Fällen Mühe, die Balance zu halten. Und nicht selten mussten wir umkehren und heimgehen oder heimradeln, weil einer von uns ins Wasser gefallen und durch und durch nass geworden war.

Georg bestand jede Mutprobe. Er konnte auch dort über einen Baum das andere Ufer erreichen, wo der Baum auf einer Uferseite am Boden lag, auf der anderen Seite jedoch auf halber Baumhöhe in einen anderen Baum gefallen und hängen geblieben war. Das bedeutete, dass der Baum schräg nach oben wies. Damit war es eine doppelte Herausforderung: Die Bäume waren nie stärker als zwanzig Zentimeter im Durchmesser, also gerade einmal einen Fuß breit; zum anderen ging es steil bergauf, was den Halt weiter erschwerte.

Am Heuboden schienen schmale Übergänge noch viel schwieriger. Der Blick nach unten auf den Erd- oder Steinboden ließ uns erschaudern. Wir wagten nicht daran zu denken, was passieren würde, wenn wir hinunter fielen.

Eines Abends beschlossen wir, in unserer Burg zu übernachten. Wir hatten schon einige Decken und Pölster in unser Versteck gebracht und nahmen noch Schlafsäcke mit, die wir von den Eltern geschenkt bekommen hatten. Sie waren für sehr tiefe Temperaturen gedacht und würden unser Nachtlager angenehm warm machen. Wir machten uns Brote für die Nacht und Mutter füllte heißen Tee in zwei Thermosflaschen ein. Dazu nahmen wir Taschenlampen mit. Offenes Licht oder Streichhölzer waren streng verboten, da das trockene Heu sofort Feuer fangen würde.

Als wir mit Sack und Pack am Bauernhaus von Frau Sirf vorbeigingen, schlug Sinta an. Frau Sirfs Schäferhund hatte uns sicher erkannt, aber als gute Hündin wollte sie unseren nächtlichen Besuch melden. Frau Sirf erschien im Schlafmantel in der Haustüre. Wir fragten sie, ob es ihr etwas ausmachen würde, wenn wir die Nacht am Heuboden verbrächten und sie antwortete: „Nein, nein. Aber traut's eng wirkli? Um Mitternacht hebt ja die Geisterstund' an und da tat i mi scho sehr füachten!" Wir lachten und wünschten eine gute Nacht.

Wir kletterten über die Leiter auf den Heuboden, weil wir im Dunkeln nicht einen unserer gefährlicheren Aufstiege benützen wollten. Auch wäre das mit den vielen Sachen, die wir trugen, sehr schwierig gewesen.

In der Nähe der Giebelluke richteten wir das Lager ein. So hatten wir das Gefühl, in dem durch den Spalt in der Giebeltüre hereindringenden Licht mehr sehen zu können. Wir breiteten Decken auf, legten die Schlafsäcke eng nebeneinander und alle Taschen und Rucksäcke mit der Jause rund um uns. Alles sollte in Griffweite sein, wenn wir dann in den Schlafsäcken sein würden. Max trieb uns fast zum Wahnsinn, als er erklärte, dass er noch einmal über die Leiter hinuntersteigen und aufs Klo gehen müsse.

Wir lagen schon in den Schlafsäcken, als er endlich über die Leiter wieder herauf kam. Für ihn gab es daher nur mehr einen der Randplätze, die in der Dunkelheit und angesichts der verschiedenen Geräusche am Heuboden nicht so attraktiv waren. Ich war froh, in der Mitte liegen zu können.

Das Einschlafen fiel uns schwer. Es musste etwa elf Uhr

abends gewesen sein und wir waren vom Herumtollen während des Tages sehr müde. Aber irgendetwas passte immer gerade dann nicht, wenn ich knapp am Einschlafen war. Das Heu kitzelte in der Nase, unser Untergrund war uneben und ich rutschte mehrmals nach links, wo Georg lag. Nach einiger Zeit bekam ich Hunger und Durst. Wir hatten nichts zu Abend gegessen, weil wir dies doch in romantischer Weise im Heu tun wollten. Aber keiner wollte den Schlafsack aufmachen und das Essen aus den Säcken holen.

So blieb auch ich liegen und dachte gerade daran, was für leckere Brote Mutter uns mitgegeben hatte, als die Glocke des Kirchstöckls im Dorf Mitternacht schlug. Mein Mittelplatz auf den Decken wurde mir mit jeder Sekunde sympathischer, vor allem als Max erklärte, dass nunmehr die Geisterstunde begonnen habe. So ein Blödsinn dachte ich und wollte demonstrativ einschlafen, doch es gelang mir nicht.

Es mochten weitere zwanzig Minuten vergangen sein. Wir hatten längst zu reden aufgehört. Max schien zu schlafen. Auch sonst war alles ruhig. Da sah ich aus meinem Augenwinkel, wie sich die Leiter, die vom Raum neben den Ställen heraufführte, zu bewegen begann. Ich rieb mir die Augen und schaute nochmals angestrengt zur Leiter. Ja, sie bewegte sich. Zentimeterweise rückte sie seitlich. Ich wollte schon schreien, riss mich dann aber zusammen und stieß Max neben mir an. Auch Max hatte nicht geschlafen und blickte entsetzt auf die Leiter. Ich stieß Georg an, der jedoch nicht reagierte.

Und plötzlich erschien eine weiße Gestalt auf der Leiter. Zuerst der Kopf, dann die Schultern. Ich schrie wie am Spieß und alle vier sprangen wir in unseren Schlafsäcken auf, nur um gleich darauf zu stolpern und übereinander zu fallen. Wir waren vor Angst außer Rand und Band. Die weiße Gestalt hatte in der Zwischenzeit den Heuboden betreten und kam in der Dunkelheit auf uns zu. Max schaltete seine Taschenlampe an und wie aus einem Mund schrien Wolfgang und Georg: „Es ist Lina!“ Und da sah ich, was sie gesehen hatten: die großen schweren Stiefel, die Lina tagsüber trug und die jetzt unter einem weißen Leintuch hervorlugten. Lina machte einen Schritt zurück und stieg eilig die Leiter hinab.

Wir öffneten die Dachluke gerade rechtzeitig, um sie im Hof zum Haus laufen zu sehen. Da konnten wir endlich herzhaft lachen. Gerne hätten wir ihr von oben ein paar U-Hakerln nachgeschossen, doch sie war schon zu weit weg.

Es dauerte sehr lange, bis wir in dieser Nacht einschlafen konnten. Ich konnte meine Augen nicht von der Leiter lassen und war erst ruhiger, als die Glocke des Kirchstöckls ein Uhr schlug. Am nächsten Tag beschwerten wir uns bei Frau Sirf, dass Lina uns so erschreckt hatte. Frau Sirf erklärte felsenfest, dass das nicht stimmen könne. Lina schlafe doch in der Kammer neben ihr und mit ihrem leichten Schlaf hätte sie sicher gehört, wenn Lina die Kammer verlassen hätte. Nein, nein, das war ein echtes Gespenst ...

Der Flieger

Es war ein Fahrrad aus den Fünfzigerjahren. Ein Männerrad, das heißt mit einer Querstange vom Sattel zur Lenkstange und einem sehr hohen Rahmen. Vater hatte es nach dem Tod der Großeltern nach Weitersfeld gebracht und bei Frau Sirf eingestellt. Uns Buben begeisterten der große runde Scheinwerfer, der breite Ledersattel und der weit ausladende Lenker.

Vater hatte das Rad nie repariert. So beschlossen wir eines Tages in den Ferien, das Rad selbst herzurichten. Zunächst wurde es vor unserem Haus gewaschen und geputzt. Unter einer dicken Dreckschicht kam das Steyr-Puch-Waffenrad zum Vorschein, was uns sehr beeindruckte, denn auch wir wussten schon um die Langlebigkeit dieser Räder.

Interessant war die Vorderbremse. Sie bestand aus einem senkrecht verankerten Eisenstab, der durch ein Loch im vorderen Kotflügel einen Bremsklotz mit Gummibelag von oben auf das Vorderrad presste, sobald man den Bremshebel zog. Die zweite Bremsmöglichkeit war der Rücktritt. Das Rad hatte keine Gänge. Ein kleiner, an das Vorderrad anklappbare Dynamo versorgte den großen Scheinwerfer und das Rücklicht mit Strom.

Auch wenn man den Sattel auf seine tiefst mögliche Position einstellte, so war doch der Abstand vom Sattel zum Boden so groß, dass wir alle vier nur beim Gartenmäuerl auf das Rad aufsteigen konnten. Die Herausforderung bestand darin, mit dem Rad zu fahren und aufzupassen, dass man nie stehen bleiben und absteigen musste, denn das konnte man nur durch seitliches Herunterspringen vom Rad bewerkstelligen, wobei das Rad dann meist mit lautem Getöse umfiel.

Georg war wie immer der Geschickteste von uns. Es gelang ihm sogar, einige Minuten am Stand zu balancieren, indem er das Vorderrad hin und her bewegte. Wenn zum Beispiel, was sehr selten vorkam, ein Auto vor unserem Haus vorbeifuhr, blieb er auf diese Weise abseits der Straße stehen, tänzelte mit dem Rad umher und fuhr danach wieder ganz gemütlich auf die Straße zurück.

Sowohl der Weg zum Mühlgang-Tumpf als auch der Weg zur Riesel und zu anderen unserer Lieblingsorte waren einspurige Wegerln, die sich von den umliegenden Wiesen und Unterholz nur dadurch unterschieden, dass auf ihnen kein Gras wuchs. Auf diesen schmalen Pfaden kam nun das Waffenrad zum Einsatz, nachdem wir es geputzt und geölt hatten. Es war auch der lang ersehnte Zuwachs zu unserer Fahrzeugflotte, zu der bislang ein kleines Kinderrad gehört hatte, mit dem jeder, der es fuhr, wegen seiner kleinen Übersetzung gegenüber den anderen zurückbleiben musste.

Georg fuhr zumeist mit dem Waffenrad. Er hatte aber das Problem, dass er als der kleinste von uns im seltenen Fall eines erzwungenen Abstiegs mit einem hohen Satz von diesem Riesenfahrrad springen musste. Wir anderen fielen regelmäßig mit diesem herrschaftlichen Fahrrad hin und verdankten ihm so manche Abschürfung an Händen und Knien.

Trotzdem wollten wir alle genau mit diesem Rad fahren. Es gab fast nichts Schöneres, als in der großen Höhe des Sattels mit dem breiten Lenker die Welt quasi aus dem ersten Stock zu betrachten und von oben auf die anderen Fahrräder herabzublicken. Irgendwer erfand den Namen „Flieger“ für das Fahrrad. Und genau das war es: das Gefühl des unbeschwerten Fliegens, wenn man mit diesem alten Fahrrad über Stock und Stein kreuzte.

Stefflasphalt

Als wir in den Sechzigerjahren nach Weitersfeld kamen, gab es kaum Asphaltstraßen. Vor unserem Haus führte eine Schotterstraße vorbei, auch die Straße bis ins Dorf, ja auch jene nach Mureck waren Schotterstraßen. Das machte das Fahrradfahren nicht gerade zum Vergnügen. Die blutigsten Wunden setzte es mit dem Flieger, wenn wir auf der Schotterstraße aus großer Höhe hinfielen.

In Weitersfeld gab es damals viele lange und harte Winter. Vater maß den Winter immer an der Menge an Koks, die er im Ofen während unserer Weihnachts- und Semesterferien verheizen musste, damit es im Haus behaglich warm war.

Vater fuhr vor den Ferien voraus nach Weitersfeld. Die Südautobahn gab es noch nicht. Die Bundesstraße war die berühmte Triester Straße, die Wien nach Süden verließ und auch in Graz die Südausfahrt darstellte. Sie galt als sehr gefährlich. Es gab nämlich bis Weitersfeld unzählige Ortsdurchfahrten. Immer wieder riss übermüdeten Autofahrern, oft auch Gastarbeitern, die im Urlaub möglich rasch zu ihren Familien nach Jugoslawien oder in die Türkei wollten und Tag und Nacht ohne Pause bis an ihr Ziel durchfuhren, der Geduldsfaden, und sie überholten im Ort oder im Überholverbot. Über die folgenschweren Unfälle wurde dann seitenlang in der „Kleinen Zeitung" berichtet.

Graz – Feldkirchen – Thalerhof – Abtissendorf - Kalsdorf – Werndorf – Wildon – Lebring – Leibnitz – Retznei –

Ehrenhausen – Spielfeld. Noch heute kenne ich jeden Bahnhof, bei dem der Zug stehenblieb. In Spielfeld stiegen wir dann in den Regionalzug, das „Bähnle" – wie Vater es nannte – nach Weitersfeld.

Die Straße folgte der Bahnlinie. Besonders gefährlich war die Landscha-Allee, eine zehn Kilometer lange Gerade von Wagna bei Leibnitz bis Spielfeld-Straß. Es gab zwar eine fast durchgehende Sperrlinie, aber nirgendwo wurde so viel überholt wie hier. Und nirgendwo geschahen so viele Unfälle wie hier. Und das bei sehr hohen Geschwindigkeiten. Zu Allerheiligen wurden die Stellen, an denen es Todesopfer gegeben hatte, mit weißen Kreuzen gekennzeichnet und man fuhr wie durch einen Wald aus weißen Kreuzen: Es war erschreckend!

Vater wich der Bundesstraße 67 aus. Er fuhr nach Südosten, von Graz-Puntigam über Raaba zum Hühnerberg, dann nach Heiligenkreuz am Waasen und über St. Georgen an der Stiefing und Laubegg bis nach Gabersdorf und dann über die sogenannte Bauernautobahn über Weinburg, Brunnsee bis nach Weitersfeld. Auf dieser Straße, die auch sehr viele gerade Stücke hatte und ein schnelles Vorwärtskommen erlaubte, dauerte die Fahrt nach Weitersfeld eine Stunde.

Die kalten Winter in Weitersfeld waren auch feucht. Dazu trug sicher die Mur bei. Jedenfalls waren die Schotterwege stets mit einer Frostschicht bedeckt. Die wenigsten Baustoffe halten Feuchtigkeit und starken Frost aus. Die Kraft des frierenden Wassers ist unbezwingbar. So brachen schon während des Winters große Schlaglöcher in den Schotterstraßen auf und bei Frühlingsbeginn sahen die meisten Straßen aus, als hätten alle paar Meter kleine Bomben Trichter geschlagen.

Steffl war der Straßenarbeiter der Straßenmeisterei Weitersfeld. Er bewegte vor sich eine orange große Scheibtruhe, die an den Rändern mit rot-weiß-roten Streifen gekennzeichnet war. Die Scheibtruhe war voll Schotter. Steffls Aufgabe bestand darin, jeden Frühling alle Löcher in den Schotterstraßen Weitersfelds zu stopfen. Er machte dies hingebungsvoll und achtete dabei sehr sorgfältig darauf, dass ihm die Arbeit nicht ausgehen würde.

Sein Tag begann mit dem Beladen der Scheibtruhe. Geschwächt von dieser Arbeit, die er bei der Straßenmeisterei an der Bundesstraße zu erledigen hatte, schleppte er sich mühsam bis ins Dorf und sank beim Stockerwirt in die Gaststube. Hier war man sehr großzügig. Niemals musste Steffl alles bezahlen, was er so im Laufe eines Vormittags konsumierte. Und es war durchwegs hochprozentig, was er zu sich nahm. Leider hinterließen diese kräftigenden Schlucke Spuren an seinem Körper und er hatte eine dunkle, stark gegerbte Haut im Gesicht, wie man sie am Land bei all jenen sieht, die zu viel trinken und regelmäßig im Wirtshaus sitzen.

Steffl war sehr freundlich und gutmütig. Er grüßte alle, die an ihm vorbeifuhren. Manch einer blieb stehen, tratschte eine Runde mit ihm und dankte ihm dann für seine Arbeit.

Steffl schaffte mehrere hundert Meter am Tag. Die Straße sah danach wie ein Fleckerlteppich aus und die unebenen Stellen, an denen sich zuvor die Löcher befanden, machten das Radfahren um nichts leichter. Nach einigen Wochen, wenn viele Radler und Fuhrwerke über Steffls Meisterwerke gefahren waren, war der Schotter fest in den Boden gepresst und man merkte durch die Verwitterung auch farblich nicht mehr, wo Steffl den Belag geflickt hatte.

Diese spezielle Art des Straßenbelags nannten die Weitersfelder „Stefflasphalt“ und der Ausdruck wurde tatsächlich synonym mit Schotterstraße verwendet. Auf die Frage, wie eine Straße zu einem Gehöft beschaffen war, kam oft als Antwort: „Stefflasphalt“.

Woazschöl'n

Langsam wälzte sich das große grüne Ungetüm um die letzte Kurve der Straße vom Dorf zu unserem Haus herunter. Es hatte gerade noch Platz zwischen dem von der Straße eingekreisten Bauernhof Zwirnik und dem Waldrand des Krokuswalderls. Einer Kriegsmaschine eines fremden Planeten gleich bewegte sich der Mähdrescher auf seinen zwei großen und seinen zwei lächerlich kleinen Vorderrädern auf uns zu.

„Mama, der Mähdrescher kommt!", entfuhr mir ein Schrei. Wo würde er seine großen, spitzen Schneidewerkzeuge hinwenden, die wie ein großes Gebiss aussahen? In welchem Feld würden die Maisstauden unter seinem Schnitt niedersinken?

Nicht lange nachdem der grüne Mähdrescher seine Arbeit auf dem Feld vor unserer Tür aufgenommen hatte, konnten die Maiskörner durch ein Gebläse auf einen Transportwagen befördert werden, der dann von einem Traktor zum Genossenschaftssilo gezogen wurde.

Bevor das Monster das Feld niederlegte, schnitt der Bauer Reihen Mais mit der Traktorsense. Sie wurden als Futter für das bäuerliche Geflügel während der Winterzeit benötigt.

Ein paar Tage später wurde meine Mutter informiert, dass an einem der folgenden Abende das Woazschöl'n bei Frau Sirf stattfinden würde, zu dem das gesamte Dorf – wer immer Zeit und Lust habe – eingeladen sei. Für einen neugierigen Städterbuben war es ein Muss dabei zu sein.

Was war mit Woazschöl'n gemeint? Woaz, also Mais, gehörte zu den wichtigsten Nahrungsmitteln der Bauern (aus Maisgries macht man eine der steirischen Traditionsspeisen, den Sterz), war aber auch als Futtermittel unverzichtbar. Wenn der Mais schon recht hoch auf den Feldern stand, hatten die Bauern in Weitersfeld stets Angst, dass Unwetter und Hagel die Ernte kaputt machen könnten. Denn auch wenn der Mais bereits ausgewachsen war und auf den Feldern übermannsgroße Maisstauden standen, so dauerte es doch noch, bis der Mais reif war. Für die letzten Wochen war es auch wichtig, dass die Maiskolben genug Sonne bekamen, um ihre goldgelbe Farbe zu bekommen.

Mähdrescher für Getreide und Mais kamen gegen Ende der Sommerferien. Es war spannend, ihnen bei der Arbeit zuzusehen. Wenn sie ihre Arbeit getan hatten, signalisierten die abgeernteten Felder, dass es bald wieder in die Schule zurückgehen würde. So war bei der Ernte auch immer ein bisschen Wehmut dabei.

Jedes Jahr war es spannend, welche Saat auf dem Feld vor unserem Haus gesät werden würde. Ein Teil der Felder blieb immer Wiese, damit es genug frisches Gras für die Tiere gab und auch Heu für den Winter gemacht werden konnte. Wir lernten von Herrn Sturmmayer, dass bei jeder „Mahd“, also jedes Mal, wenn das Gras im Laufe des Sommers gemäht wurde, das Gras und Heu eine andere Zusammensetzung hatte und auch anders hieß, wie das „Groamat“, die Herbstmahd.

Am liebsten fuhr ich beim Mähen am Traktor mit. Der rote Traktor von Herrn Sturmmayer hatte über den zwei großen Hinterrädern kleine Sitze mit einem kleinen Geländer halbrund um den Sitz, an dem man sich festhalten musste, wenn der Traktor durch die Senken und Steigungen des Feldes schaukelte. Seitlich neben dem Traktor wurde eine gezahnte Mählatte auf den Boden gelegt. Der Motor des Traktors trieb zwei gegeneinander laufende, wie Bandsägen aussehende Mähbänder an. So wurde alles Gras, das auf der Länge der Mählatte neben dem Traktor stand, umgemäht. Herr Sturmmayer war sehr bemüht, rechtzeitig Brutstätten von Hasen, Rehen und Fasanen zu erkennen, damit er um sie einen Bogen machen konnte.

Auf dem großen Feld vor dem Haus in Richtung auf den Beli Vrh in Jugoslawien wurde Fruchtwechsel betrieben. Das heißt, dass jedes Jahr etwas anderes angebaut wurde: Ein Jahr war dies Mais, ein Jahr Weizen und im dritten Jahr Kürbisse. Dazwischen gab es ein Jahr lang eine große Wiesenfläche, die dann besonders viele Tiere in die Nähe unseres Häuschens brachte. Weiter Richtung Lichendorf, beim General, gab es nur Maisfelder.

Frau Sirf war sehr glücklich, wenn wir die vom Mähdrescher abgeernteten Felder abgingen und liegengebliebene Maiskolben einsammelten. Damals arbeiteten die Mähdrescher noch nicht so gründlich. Wir konnten einige Säcke voll auf ihrem Feld sammeln und erhielten dann dafür von ihr Belohnungen aus ihrer Speisekammer.

Als ich klein war, wurden die Maiskolben noch händisch geerntet. Dann zog der Traktor den Anhänger mit den Maiskolben in den Hinterhof von Frau Sirf. Der Anhänger war eine sehr einfache Konstruktion. Er hatte auf dem Grundgestell von zwei mit einer Stange verbundenen Achsen zwei Holzbretter als Boden befestigt. Seitlich wurden an jedem Ende links und rechts zwei Holzstangen schräg nach oben befestigt, an die die Seitenbretter des Wagens angebunden waren. Dazu gab es ein unten U-förmiges Brett an der Vorder- und Rückseite des Wagens. Und fertig war der Laderaum.

Im Hinterhof wurden die Seitenbretter entfernt und alle Maiskolben in die Mitte des Hofes ausgeleert. Es war ein riesiger Haufen an Maiskolben, die alle noch von ihren Blättern umhüllt waren. Die Kolben wurden dann in einen Nebenraum des Kuhstalles geschaufelt. Dieser Raum hatte an der Wand noch die Futtertröge aus früheren Zeiten. Er war also auch als Kuhstall genutzt worden. Nachdem sie Witwe geworden war, hatte Frau Sirf nur mehr wenige Stück Vieh und auch weniger Schweine und Hühner. Sie hatte so viel, wie sie zum eigenen Leben brauchte und so viel, wie sie mit ihrer Arbeitskraft noch betreuen konnte. Wenn sie ein Kalb oder Ferkel oder aber ein großes Schwein verkaufte, bekam sie ein Zubrot zu ihrer kleinen Pension, das sie dringend brauchte, um jene Waren zu kaufen, die ihr Hof und die Felder nicht hergaben.

Der Abend des Woazschöl'ns wurde im ganzen Ort bekannt gemacht. Wer konnte, kam auf den Hof von Frau Sirf, um beim Woazschöl'n zu helfen. Auch Frau Sirf ging mehrmals im Sommer zu anderen Bauern, um deren Woaz zu schälen. Mir gefiel diese Art der nachbarschaftlichen Hilfe sehr gut. Es war schön zu sehen, dass die bäuerliche Dorfgemeinschaft funktionierte, wenn es notwendig war. Wer gesund war und nicht am Hof zu tun hatte, kam und half.

Nachbarschaftshilfe gab es auch bei allen Bauvorhaben und bei der Ernte. Auf diese Weise war auch das mühsame und zeitaufwendige Ausnehmen der Kürbisse leichter erträglich. Die Kürbiskerne für das Pressen des Kürbiskernöls mussten nämlich aus dem Fleisch der Kürbisse herausgeklaubt werden. Aber im Kreise vieler Helfer ging die Arbeit schneller von der Hand.

Als Mutter und ich am Abend in den Stall von Frau Sirf kamen, herrschte dort schon eine fröhliche Stimmung. Viele Bäuerinnen aus dem Dorf waren gekommen. Alles, was an Schemeln aufzutreiben war, stand in einem Kreis um den großen Haufen Maiskolben in der Mitte. Manche Bäuerinnen hatten eigene Schammerln mitgebracht. Auch Frau Počič war gekommen und hatte weitere Sitzgelegenheiten mitgebracht.

Es war kühl in dem ehemaligen Stall und der Wind pfiff durch die Fenster. Schon bald wurde es aber warm, denn das intensive Arbeiten brachte alle zum Schwitzen und der Mostkrug, der ständig reihum wanderte, tat das übrige. Die meisten Woazschäler waren Frauen, Schälen galt als Frauenarbeit. Einige Männer waren aber doch gekommen. Sie kümmerten sich um die endgültige Lagerung des Woaz. Wir hatten schon in früheren Jahren erklärt bekommen, wie man den Woaz richtig schält und bindet. Mutter konnte es sehr gut und war dabei auch fast so schnell wie die Bäuerinnen, die diese Handbewegungen jahraus jahrein machten.

Zuerst musste man die Maisblätter von der Spitze nach unten abziehen, aber nicht abreißen. Dann wurde der „Bart", die Maisfasern oder Fesen, die langen schwarzen Haare an der Spitze des Kolbens abgerissen. Von den nach unten gezogenen Hüllblättern wurden drei bis vier kräftige ausgewählt. Sie sollten rund um den Kolben verteilt sein. Die restlichen Blätter wurden abgerissen. Dann wurden die drei bis vier verbleibenden Blätter verknotet. Dieser Vorgang wiederholte sich bei jedem Kolben.

Während des flinken Arbeitens wurden ringsum Geschichten erzählt, Wahres und Erfundenes; der letzte Dorftratsch und das Neueste aus Mureck. Es war für mich nicht leicht, den Erzählungen zu folgen. Mutter kannte die meisten Personen im Dorf und sie kannte sich auch bei den schwierigen Bezeichnungen der Verwandtschaftsverhältnisse aus. Ich musste fürchterlich lang nachdenken, wenn Frau Sirf erklärte, dass die Betreffende, von der gerade gesprochen wurde, die „G'schwisterkindschwester" eines Bauern war.

Zwischendurch kamen die Männer, die im Hof geraucht und getratscht hatten, herein und begannen, die fertig verknoteten Woazkolben an den verknoteten Blättern auf langen Stangen aufzuziehen. Diese Stangen wurden dann an allen Gehöften unter dem Dach aufgehängt. Damit konnte der Woaz trocknen und schimmelte nicht. Bis zum nächsten Sommer war damit das Hühnerfutter gesichert. Der Mais wurde auch zu Mehl zerrieben, das zum Kochen, aber auch als Viehfutter verwendet wurde.

Das Woazschöl'n dauerte bis nach Mitternacht. Langsam begann der große Maiskolbenberg in der Mitte des Stalles zu schrumpfen. Als wir nach Hause aufbrachen, war alles aufgearbeitet. Frau Sirf gab allen ein Dankeschön mit auf den Nachhauseweg. Sie war froh, dass die Woazernte des Jahres gut unter Dach und Fach war.

Fleischweihe

Ostern in Weitersfeld war etwas Besonderes. Normalerweise merkte man es am Geruch der nach dem Winter aufbrechenden Äcker. Die Erde strahlte Wärme und den Drang nach Wachstum aus. Befreit von der Last des Schnees entfaltete sich die Natur. Entlang der Schwarza und des Mühlgangs blühten die Palmkätzchen. Unser Garten war von einer Forsythien-Hecke umgeben, die meinen Vater viel Arbeit kostete. Während er mit der Heckenschere die Forsythien kürzte, krochen wir in den Blumenbeeten umher und säuberten sie von den abgeschnittenen Ästen.

In unseren jungen Jahren glaubten wir natürlich an den Osterhasen. Mutter schickte uns zu Frau Počič, damit wir dort im Fernsehen den Ruderwettkampf Oxford gegen Cambridge auf der Themse ansehen konnten. Als wir danach in den Garten kamen, war der Osterhase schon da gewesen. Frau Sirf brachte meine Mutter zur Verzweiflung, weil sie mir einzureden versuchte, dass sie den Osterhasen am Moped vorbeifahren gesehen hatte.

Viele Ostereier waren im Garten versteckt und dazwischen sogar einige Geschenke. Das war der Ostersonntag. Der Karsamstag bot ein ebenso schönes, aber noch viel traditionsreicheres Fest: die Fleischweihe.

Aus allen Richtungen kamen um die Mittagszeit die Bäuerinnen und Bauern beim Kirchstöckl zusammen. Das Kirchstöckl war eine Kapelle. Allerdings eine, die nur aus einem

Kirchturm ohne Langschiff bestand. Man konnte unten in einen kleinen quadratischen Altarraum gehen, der sehr hoch war. Darüber gab es das Glockengestühl und ein Zwiebelturm vollendete das Bauwerk. Das Kirchenstöckl war von einem kleinen Garten umgeben. Es lag schräg vis-a-vis vom Stockerwirt und das hatte sicher seinen Grund. Während also die festlich gekleideten Bäuerinnen, große Körbe am Kopf balancierend, aus allen Ecken und Enden des Dorfes zum Kirchenstöckl strömten und die Körbe im Vorgarten abstellten, begaben sich die Bauern in das nahe Gasthaus.

Mit einiger Verspätung traf der Pfarrer aus Mureck ein. Er war mit seinem eigenen Auto unterwegs. Er begrüßte die Gemeinde, die durch die aus dem Gasthaus heraus eilenden Bauern rasch anwuchs.

Nach kurzen Gebeten und einer Predigt zum Ostersonntag segnete der Pfarrer die Körbe mit Osterfleisch, Würsten, Eiern, Milchbrot und Salz. Nach weiteren Gebeten und den Osterwünschen brach der Pfarrer zum nächsten Ort auf. Die Dorfbevölkerung blieb noch zu einem Ostertratsch stehen, um sich sodann zum Ostermahl nach Hause zu begeben.

So ein festlich gedeckter Ostertisch war einfach wunderschön. Blühende Forsythienzweige und Palmkatzerln, buntes Geschirr und die herrlichen Osterspeisen. Ein Milchbrot mit Butter, darauf Geselchtes und aufgeschnittene Osterkrainer, darüber ein paar Eierscheiben und obenauf viel Kren: so sah das kalorienarme Osteressen am Ostersonntag aus.
Ich sehe noch heute Frau Sirf vor mir, die mit dem Fahrrad an uns vorbeifuhr, ihre Osterspeisen mit einem weißen Tuch

in ihrer Korbtasche zugedeckt, das Ende ihres Kopftuches im Wind hinter dem Fahrrad herwehend. Besonders beeindruckten mich die Bäuerinnen, die schwere Osterkörbe auf ihrem Kopf trugen und diese so geschickt balancierten, dass sie keine Hände zum Abstützen zu Hilfe nehmen mussten. Ähnliches habe ich später nur auf Bildern aus Afrika gesehen.

Später am Nachmittag haben wir das Osterfeuer vorbereitet. Schon seit einigen Wochen hatte Vater Äste und Laubwerk aus dem Wald gesammelt und auf einen großen Haufen geschlichtet. Auf seine Spitze wurde traditionellerweise ein Kreuz aus Stroh gebunden. Dazu nahmen wir zwei große Äste, die wir in Kreuzform zusammennagelten. Um die Äste befestigten wir dann zusammengebundene Strohbuschen. Das Kreuz war über zwei Meter hoch. Vater steckte es in die Mitte des Holzhaufens. Fertig war unser Osterfeuer.

Die Zeit bis zum Dunkelwerden wollte nicht vergehen. Wir spielten Schlagballwerfen auf der Straße vor dem Haus. Wir hatten eine Abwurflinie gezogen und auf dem Straßenstück vor der Mühlgangbrücke eine Weitenmessung auf den Asphalt aufgetragen. Jeder Meter war mit einem kleinen Strich gekennzeichnet; die Zehn-Meter-Marken hatten Zahlen. Es war schön zu sehen, dass wir jedes Jahr unsere Rekorde aus dem Vorjahr überbieten konnten.

Die Osternacht war sternenklar und zu warm für die Jahreszeit. Es war still, nur das gleichförmige Rauschen der Papierfabrik war in der Entfernung zu hören. Unsere Bäuerinnen würden später in der Nacht nach Mureck zur Auferstehungsfeier in die Kirche radeln. Ihre Häuser lagen friedlich da und nur in den Küchen brannten Lichter.

Vater hatte gemeint, dass er das Feuer erst anzünden wollte, wenn schon andere Feuer brannten. So saßen wir am Boden neben dem großen Holzhaufen und warteten. Wir beobachteten den Waldrand zum Dorf und die Hügelkette in Jugoslawien.

Dann plötzlich zuckte ein kleines Flämmchen auf dem Beli Vrh in Jugoslawien. Und nun begannen die Feuer rundum zu brennen, bis auf allen Hügeln Jugoslawiens große Osterfeuer zu sehen waren. Vater erklärte uns, dass die Bevölkerung in Jugoslawien sehr gläubig war, dass aber die Regierung keine freie Religionsausübung gestattete. Vater wünschte sich, dass die Menschen in Jugoslawien eines Tages ebenso in Freiheit leben könnten wie wir. Die Osterfeuer seien ein Ausdruck der Hoffnung und wir sollten uns darüber freuen. Wenn auch wir ein Osterfeuer entfachten, würden wir auch ein Signal über die Grenze senden, dass wir uns zusammengehörig fühlten.

Unser Osterfeuer war mächtig. Die Zweige waren über den Winter ausgetrocknet und die Flammen schossen in dem großen Haufen empor und in den Himmel. Vom Feuer ging große Hitze aus und wir mussten uns weiter zurückziehen. Dann fing das Osterkreuz Feuer. Das Bild des brennenden Kreuzes sehe ich noch heute vor mir. Die Flammen zeichneten die Umrisse des Kreuzes nach. Als es zur Gänze in Flammen stand, war das große brennende Kreuz sicher über viele, viele Kilometer zu sehen. So nahe wie unser Häuschen zur Mur und damit zur Grenze lag, konnten wir sicher sein, dass viele Jugoslawen das Kreuz und unser Osterfeuer sehen konnten. Ich fragte mich, was sie dabei dachten und ob wir mit ihnen eines Tages um ein Osterfeuer sitzen würden.

Der Uhu im Baumstrunk

Auf der Nordseite unseres Hauses war eine kleine Lichtung, auf einer Seite von der Straße, auf einer Seite durch unseren Zaun und ansonsten durch den Waldrand begrenzt. In der Nordostecke der Lichtung stand am Waldrand eine große Eiche. Der Wald hinter unserem Haus war urwüchsig. Ab und an wurden umgefallene Bäume von der Eigentümerin abtransportiert. Da Frau Pritzer aber am anderen Ende des Dorfes wohnte, blieb der Wald größtenteils unbewirtschaftet und naturbelassen. Es gab viel Unterholz, an manchen Stellen starkes Dickicht und dementsprechend viele Tiere. Gerne saßen Fasane auf den Ästen des Waldes und gaben ihre krachenden Laute von sich. Blindschleichen, Eichhörnchen, alle Arten von Singvögeln, Mäuse, Marder und Rehe bewohnten den Wald.

Eines Abends saßen wir hinter dem Haus, als wir ein lautstarkes Uuuuhuuuuu, Uuuuhuuuu aus dem Wald hörten. Es klang schauerlich, durchdringend und erinnerte entfernt an ein weinendes Kind. Ein Uhu war zu Gast. Immer und immer wieder ertönte sein Wehklagen. Es schien, als sei der Uhu ganz in unserer Nähe. Der Vollmond am Himmel und die laue Sommernacht schienen ihn anzuspornen.

Am nächsten Tag fragte mein Vater nach dem Mittagessen: „Wollt ihr den Uhu sehen?“ Und ob wir das wollten. Aber wo findet man einen Uhu am helllichten Tag? „Er wird nicht weit sein", sagte mein Vater. „Wir müssen nur sein Versteck finden." So betraten wir den Wald von der Lichtung vor unserem Haus aus. Wir drangen tiefer vor und suchten nach etwas, das dem tagscheuen Uhu als Versteck dienen konnte. Wir überquerten die Schwarza und kamen gerade zu einem kleinen Bach, der hier aus dem Dorf kommend in die Schwarza mündete, als mein Vater vor einem Baumstrunk stehen blieb. Es war ein dicker alter Baum, der in etwa zwei Meter Höhe abgebrochen war. Neben dem Baum lagen vermorschte Baumteile am Boden. „Hier könnte es sein", sagte mein Vater. „Aber wie willst du den Uhu herauslocken?", fragte mein Bruder. „Das ist sehr einfach", erwiderte mein Vater. „Man muss nur seine Ruhe stören. Denn er ist ein Nachtvogel und möchte am Tag schlafen." Mein Vater nahm einen dicken Ast vom Boden und schlug mit ihm gegen den Baumstrunk. Nichts. Nochmals. Wieder nichts. Mein Vater schien sich schon zum Gehen zu wenden, als er plötzlich innehielt und ein drittes Mal gegen den Baum schlug.

Da erhob sich ein Zischen und Rauschen und aus der Öffnung des Baumstrunkes explodierte es förmlich, als der große Körper eines Tieres herausschoss, seine Flügel weit öffnete und mit hoher Geschwindigkeit schräg nach oben flog. Wir waren vor Schreck erstarrt. Der Uhu hatte die Baumkronen erreicht und begann seinen Gleitflug über den Wald. Erst jetzt fanden wir unsere Sprache wieder. Wann immer ich danach einen Uhu oder ein Käuzchen rufen hörte, erinnerte ich mich an den Augenblick, in dem der Uhu wie eine Hexe auf ihrem Besen aus dem Baum entfuhr.

Sommergewitter

Bis zum heutigen Tage sind Gewitter für mich ein wunderbares Naturschauspiel. Ich genieße sie in vollen Zügen, wenn ich mich dabei in einem sicheren Unterstand befinde. Besonders schön sind Gewitter in den Bergen, wenn man in einer Hütte Unterschlupf gefunden hat und die Natur ihre unglaubliche Gewalt zeigt.

In Weitersfeld hatten wir ein besonderes Wettereck. Am Ende der langen Wiese vor unserem Haus, in Richtung auf die Hügel jenseits der Mur, also in westlicher Richtung verdunkelte sich der Himmel bei einem heranziehenden Gewitter. Wenn es dort ganz finster wurde, dauerte es höchstens eine halbe Stunde und das Gewitter brach über uns herein.

Das war wie ein Gesetz der Natur: Die Westwinde trieben die tiefhängenden, finsteren Wolken auf uns zu und färbten den Himmel schwarz ein. Auch helle Tage wurden oft in wenigen Minuten zur Nacht.

Im Obergeschoss unseres Häuschens gab es zwei Zimmer, das Schlafzimmer der Eltern (von wo, wie erwähnt, die Leiter in das Erdgeschoss führte) und das Schlafzimmer von meinem Bruder und mir. Das Obergeschoss hatte abgeschrägte Wände, denn es lag bereits unter dem Dach. Unsere beiden Betten waren links und rechts an die Wand gerückt, wo die Wände noch ein kleines Stück gerade waren, ehe die Dachschräge begann.
Zwischen den beiden Betten stand vor dem einzigen Dop-

pelfenster des Raumes ein Klapptisch, auf dem wir oft stundenlang Spiele, vor allem unser geliebtes DKT, die österreichische Variante von Monopoly, spielten. Hier saßen wir auch oft und blickten in den zur Mühlgangbrücke spitz zusammenlaufenden Garten mit Vaters großer Rosenzucht, wenn das Gewitter begann oder aber, was selten, aber doch geschah, wenn Hagelkörner über die Wiese und die Forsythienhecke niederprasselten.

Mir wurde stets unheimlich zumute, wenn es gewitterte. Wenn ich aber im sicheren Zimmer saß und dem Gewitter aus sicherem Schutz zusehen konnte, machte sich ein fast angenehmes Gefühl in mir breit.

Unsere Eltern hatten uns erklärt, dass man aus dem Abstand zwischen Blitz und Donner die Entfernung des Gewitters errechnen kann. Man beginnt beim Aufzucken eines Blitzes zu zählen und zählt, bis der dazugehörende Donner erdröhnt. Die erreichte Zahl ergibt die Entfernung des Gewitters in Kilometern. Diese Faustregel ist mir später oftmals auf Bergen hilfreich gewesen, wenn es darum ging, wegen eines heranziehenden Gewitters einen Unterstand zu suchen.

Manchmal wurden die Fahrten vom Freibad in Mureck nach Weitersfeld zu einem Wettradeln mit dem Gewitter: Hatte sich unsere Wetterecke mit dunklen Wolken gefüllt, hieß es kräftig in die Pedale treten, denn dann konnte man das sichere Zuhause nur mehr rechtzeitig erreichen, wenn man die Strecke mit Höchstgeschwindigkeit zurücklegte.

Gewitter, auch schwere, kamen auch in der Nacht. Dann wachten mein Bruder und ich auf und geisterten durch unser finsteres Zimmer auf der Suche nach der Türe zum Schlafzimmer der Eltern, um uns ihrer Anwesenheit und ihres Schutzes sicher sein zu können. Dann wurde die Balken des Fensters im Schlafzimmer der Eltern geöffnet und der Blick ging nach Norden und Westen in die Richtung des anziehenden Gewitters. Von dieser sicheren und erhobenen Position aus verfolgten wir die Blitze, die in großartigen Figuren über den Himmel zuckten und ihn jedes Mal hell aufleuchten ließen. Kugelblitze, parallel verlaufende Blitze, Flächenblitze, alle Arten der Spannungsentladung konnten wir von hier aus bewundern. Immer zählten wir den Abstand zu den Donnern, damit wir wussten, wann das Gewitter direkt über uns war und wir uns noch mehr fürchten mussten. Unser Haus hatte einen Blitzableiter, der aber fast nie getroffen wurde, da die Blitze lieber in die hohen Bäume am nahen Waldrand einschlugen.

Zwei Erlebnisse sind mir noch in lebhafter Erinnerung: Das eine Mal wachte ich durch ein Gewitter auf, das sich offenbar schon direkt über uns befand. Ein Blitz schlug in die Stromleitung neben unserem Haus ein und aus der Steckdose über dem Bett meines Bruders züngelte eine Stichflamme heraus, ehe der Trennschutzschalter im Parterre die Stromleitung zu unserem Haus unterbrach und wir nur noch mit den stets griffbereiten Taschenlampen unseren Weg zu den Eltern fanden. Der Schock über die furchterregende Flamme saß bei mir sehr tief.

Ein anderes Mal schlug der Blitz nur wenige Meter von unserem Haus entfernt in eine hohe Ulme ein und spaltete die Rinde und Teile des Stammes bis zur Erdoberfläche. Es folgte ein Donner mit ohrenbetäubendem Getöse und wir waren uns nicht sicher, ob es nicht in unser Haus eingeschlagen hatte. Am nächsten Tag erst sahen wir den großen Riss in der Ulme, der im Laufe der Jahre zu einer großen Narbe verwuchs, und uns immer an diese Gewitternacht erinnerte. Die Ulme schien von der vernarbten Einschlagsrinne unbeeindruckt zu sein. Gewitter waren ein fixer Bestandteil des Sommererlebnisses in Weitersfeld. So sehr wir sie fürchteten, so sehr beeindruckten sie uns. Das Gefühl der Geborgenheit in unserem Haus während eines Gewitters habe ich ins Leben mitgenommen, und ich denke oft an meine ersten Gewitter zurück, die ich mit meinen Eltern und meinem Bruder erlebt habe.

Die Faszination des Fischens

Warum mein Vater so gerne fischte, konnte er nicht wirklich erklären. Die Freude daran war schon in jungen Jahren entstanden, als er nach dem Zweiten Weltkrieg seinen Vater beim Fischen in der Südsteiermark begleitete.

Damals fuhren die beiden aus Graz mit dem Zug bis Weitersfeld. Unterkunft hatten sie keine. Aber nach kurzer Zeit kannten die Bauern in Weitersfeld den Besucher und seinen Sohn, die regelmäßig am Wochenende ins Dorf kamen.

Übernachtet wurde im Ort, im Heustadl bei verschiedenen Bauern, beim Sturmmayer und seinen Nachbarn. Oder aber die beiden fischten die Nacht durch und fuhren am Sonntag wieder heim. Fast immer hatten sie etwas gefangen und brachten den Fang der Großmutter. Ein Festessen in einer Zeit, in der es in Graz, wie überall in Österreich, so schrecklich wenig zu essen gab.

Angelzeug gab es wenig zu kaufen. So war vieles selbstgemacht. Das Kostbarste waren die Rollen. Der Goldstandard war die „Trixi", eine kleine Rolle, die aber schon „automatisch" war und deren Bügel bei einer Kurbelumdrehung nach dem Auswerfen selbständig zurückklappte. Das Solin, also die Angelschnur, war auch sehr teuer und wurde daher verwendet, bis es sich vor lauter Alter gar nicht mehr zu verheddern aufhörte. Man konnte dann praktisch nicht mehr auswerfen und musste die ganze Zeit Knoten im Solin, sogenannte „Ritter“, entwirren.

Das Solin, das Großvater und Vater verwendeten, war unverhältnismäßig stark. Der Grund dafür war, dass es nicht nur im langsamen Mühlgang, sondern auch in der reißenden Mur halten musste und dabei oft noch ein schwerer Fisch an der Angel hing.

Die Fischstangen waren auch selbst gemacht. Mein Bruder und ich wurden von Vater in der Kunst des Fischstangenbaus unterrichtet. Dazu besorgten wir uns in der Gartenabteilung des Kaufhauses Kastner & Öhler in Graz vier bis fünf Meter lange Bambusstöcke, die regelmäßig gewachsen und schnurgerade sein mussten.

Die Stangen wurden mit Klarsichtlack gestrichen. Danach wurde vor und nach jedem Bambusknoten eine Umwicklung gemacht, um zu verhindern, dass der Bambusstock dort bei Belastung brechen würde. Diese Umwicklung bestand aus Zwirn, der sorgfältig unter starkem Zug um den Stock gewickelt wurde. Zwischen den Knoten und in regelmäßigen Abständen wurden Ringe auf die Stange gewickelt, durch die dann das Solin gleiten konnte. Schließlich wurden die Zwirnumwicklungen noch mit farbigem Isolierband umwickelt, was der Stange ein fröhliches Aussehen gab. Besondere Behandlung erhielt der Spitz, der speziell fest gewickelt wurde, da er ja den Zug des Solins aushalten musste. Schließlich wurden am unteren Ende der Stange dicke Gummiringe angebracht, in die dann die Fischrolle eingespannt werden konnte. Fertig war die Fischstange.

Wir verbrachten viele lange Winterabende in Graz mit der

Produktion neuer Fischstangen und hatten bald eine große Fertigkeit darin entwickelt.

Mein Bruder und ich studierten endlos lange neue Fischgerätekataloge und malten uns aus, welch tolle Ausrüstung wir kaufen würden, wenn es unsere Ersparnisse erlauben sollten. Oft ging Vater nach der Arbeit in der Fischabteilung von Kastner & Öhler vorbei und brachte uns in den Ferien neue Fischausrüstung nach Weitersfeld.

Großvater hat sogar sein eigenes Grundblei gegossen: Er besaß große Schachteln, in denen es Grundblei in allen Größen und für alle Strömungsgeschwindigkeiten der Mur gab.

Großvater und Vater fischten fast nur mit Naturköder. Erst mein Bruder und ich führten das Blinkern in der Familie ein. Und ich erhielt schließlich sogar eine Fliegenfischstange …

Als Köder verwendeten wir Tauwürmer. So nannten Großvater und Vater die riesigen, fast wie kleine Schlangen aussehenden Würmer, die nachts nach starkem Regen aus dem Erdreich krochen und beim Licht von Taschenlampen mit etwas Geschick eingesammelt werden konnten. Vorsichtig musste man dabei gehen, damit die Würmer sich wegen der Erschütterung durch die Schritte nicht in ihre Löcher zurückzogen, und schnell musste man zugreifen, ehe sie im Licht der Lampe zum Rückzug ansetzten.

Ideale Suchorte für Würmer waren Stellen in der Nähe von Gebäuden, die grasfrei waren und wo man leicht zupacken konnte. Fischer in Graz suchten dafür in unserer Umgebung den Park der Herz-Jesu-Kirche auf, wo es herrliche Jagdgründe für Tauwürmer gab. Viele Abende und Nächte verbrachten wir dort mit der Suche nach dem Köder, der uns das ganz große Petri Heil bescheren würde.

Die Würmer wurden von Vater hinter dem Haus in Weitersfeld in großen Holzkisten gehalten und stets mit frischen Salatblättern gefüttert. Mutter hat sich allmählich an diese Bewohner der Holzkisten in und hinter der Gartenhütte gewöhnt. Was tat sie nicht alles, damit ihre Männer glücklich waren!

In der Mur wurde mit Käse gefischt. Gouda und Edamer wurde in kleine Würfel geschnitten und auf dem Angelhaken befestigt. Eine Spezialität hatte mein Großvater entdeckt: Die Weißfische in der Mur, also vor allem die Barben, liebten jene Molkereiabfälle, die aus den Milchzentrifugen stammten. Die Molkereibediensteten in Mureck nannten das Schleuderkas, also Schleuderkäse. Da es sich dabei um echte Abfälle handelte, die sonst nur entsorgt worden wären, hatte niemand etwas dagegen, wenn wir diesen Schleuderkas abholen kamen. Nach vorheriger Bestellung fuhren wir also im Sommer alle zwei Wochen nach Mureck und kehrten mit zwei Kübeln Fischfutter zurück.

Der Schleuderkas wurde einerseits in großen Mengen an der Riesel, unserem Stammplatz an der Mur, in den Fluss eingefüttert. Andererseits wurde er würfelförmig geschnitten und im Tiefkühlregal in kleinen Säckchen für den Einsatz als Fischköder aufgehoben. Mutter stöhnte immer, dass in ihrem ohnehin nicht sehr großen Tiefkühlfach kaum noch Platz für Nahrungsmittel blieb.

In der Murecker Kernölpresse kaufte mein Vater auch den Ölkuchen. Das waren kreisförmige, etwa drei Zentimeter dicke Scheiben, die aus den Resten der Kürbiskerne gepresst wurden. Wenn sie ihr kostbares Öl abgegeben hatten, blieben die Schalenreste übrig. Sie wurden zerkleinert und gepresst. Es gab den Ölkuchen auch als Mehl, das man dann zu einem guten Köderteig für das Karpfenfischen anrühren konnte.

Das beste Fischjahr hatten wir in den späten Siebzigerjahren, bevor die Arbeiten an der Regulierung der Schwarza und der Mur begannen, die letztlich zu einem Ende unserer südsteirischen Wildnis und unseres Jugendparadieses führten.

In diesem Fischjahr waren sowohl mein Bruder als auch ich alt genug für eigene Fischkarten, und wir mussten nicht mehr mit meinem Vater mitgehen. Wir hatten einen Familienwettbewerb vereinbart: Es wurde exakt Buch geführt, wer wie viele Fische fing, wobei wir ein ausgeklügeltes Wertungssystem entwickelt hatten. So wurde jede Fischart separat gelistet. In jeder Kategorie gab es die höchsten Punkte für den schwersten, den längsten und die meisten Fische. Dazu konnte man mit den insgesamt größten, kleinsten, schwersten, leichtesten, den meisten Fischen etc. punkten.

Das ganze Jahr stand im Zeichen des Wettbewerbs. In jeder Minute, die wir in Weitersfeld verbrachten, wurde gefischt, bei Tag und natürlich auch bei Nacht. Jede neue Fischart wurde mit großem Jubel eingetragen und was gab es da nicht alles an Überraschungen. Die Mur besaß einen unglaublichen Reichtum, und auch im Mühlgang fingen wir Fische, die wir erst mit einem Fischbuch identifizieren konnten. Die Standardfische in der Mur waren vor allem Weißfische, Barben und Nasen, aber auch Prader und gelegentlich Aitel

(Döbel). Da auch die Mur in Ufernähe kleine Schwalberln und Tümpel bildete und vor allem auch in manchen Nebenarmen wie zum Beispiel westlich der Überfuhr, bot sie auch eine Lebensstätte für Karpfen, Schleien, Barsche, Hechte, ja sogar Bachforellen ließen sich an den Haken bekommen. Zu den größten Überraschungen zählten Aale, Zander und Huchen.

Das Murwasser war während unserer Jugend wesentlich stärker verschmutzt als heute; die Sorge um die Umwelt war noch kein zentrales Anliegen der Bevölkerung und der Politik. Ich erinnere mich daran, dass wir viel Angelzeug verloren, weil es an Nylonsäcken und anderem Abfall hängenblieb, der in der Mur heranschwamm.

Der Mühlgang war im Unterschied zur Mur viel sauberer. Er war auf Grund seines langsam dahin fließenden Wassers ein Dorado für Karpfen, Schleien, Hechte, Barsche, Aitel, Steinbeißer. Er war nur einige Meter breit und auch nur einige Meter tief, aber er hatte eine unberührte Uferlandschaft. An vielen Stellen boten sich perfekte Unterschlupfe für die Fische und es gab hervorragende Laichplätze.

Auf unseren weiten Fischzügen hatten wir jeden kleinsten Fleck des Mühlgangs und der Mur erkundet. Wir kannten die Strömungen und die bevorzugten Standplätze der Fische. Ja, an vielen Stellen wussten wir, dass in der Tiefe Baumstrunke oder große Äste lagen und eine Gefahr für unsere Angelschnüre darstellten.

Auch hatten die beiden Flüsse (die Schwarza war nur nach Hochwassern ein interessanter Angelfluss) ihre eigenen Saisonen. Im Winter ging mein Vater ganz selten an die

Riesel (an die Mur). Er bestand darauf, dass im Winter in der Mur nie „etwas ging". Das war übrigens die beliebteste Frage der Weitersfelder Bauern, wenn sie uns an den Fischwässern sitzen sahen. Sie kamen herbei, schauten neugierig nach unserem im Wasser hängenden Fischkescher (den mein Vater immer vorsorglich einige Meter entfernt versteckt ins Wasser gehängt hatte) und sagten: „Petri! Geht was?" Vater antwortete stets höflich und unbestimnmt: „Petri Dank! A bissel was geht immer."

Er war stets unglücklich, wenn er Trauperer mit einem Sack oder Kescher voll mit kleinen Fischen sah. Diese waren die Zukunft des Gewässers und Vater hatte stets streng darauf geachtet, dass wir untergroße Fische wieder in das Wasser zurückwarfen. Vaters Schlüsselerlebnis war eine Antwort, die er auf seine Frage bekam, was denn der Fischer mit den kleinen Fischen zuhause machen würde: „Resch ausabachen san's a guat!"

Die Vorstellung, dass diese sprottenartigen, mit vielen Gräten gespickten kleinen Fische in einer Bratpfanne gebacken wurden, ließ uns erschaudern. Wann immer Vater dann einen ähnlichen Fang bei einem Trauperer sah, sagte er: „Ja, ja. Resch ausabachen san's a guat!"

Der Tiefstandshecht

Ein seltsames Fischerlebnis hatten wir gegen Ende eines Sommers, als der Mühlgang nach einer großen Hitzeperiode fast ausgetrocknet war. Viele Bauern entnahmen dem Mühlgang Wasser, um die Felder zu bewässern und die Ernte zu retten. So ging das Wasser mehr und mehr zurück. An einigen Stellen konnte man das Bachbett trockenen Fußes durchqueren. Wir wanderten den Mühlgang im Bachbett hinauf zur Überfuhr und inspizierten unsere sonst so guten Fischplätze. Die Fische hatten wohl rechtzeitig mitbekommen, dass der Mühlgang auszutrocknen drohte und waren flussabwärts in die Mur geflohen.

Als wir bei der Insel ankamen, wo wir regelmäßig Forellen und Karpfen gefangen hatten, konnten wir nicht weitergehen. Der Boden des Baches war lehmig und trug unser Gewicht nicht. Wir mussten durch Brennesseldickicht auf die Böschung klettern. Das war sehr schmerzhaft! Wir umrundeten den Lehmsumpf und gelangten an der westlichen Seite des Mühlgangs zum Bachbett zurück. Wir wollten schon am Ufer weitergehen, als Georg mitten im Bachbett ein kleines Wasserloch entdeckte, in dem sich etwas bewegte. Gespannt blickten wir auf die Oberfläche. Sie war wieder ganz glatt. Doch plötzlich erhob sich eine große gespreizte, stachelige Rückenflosse. „Das muss ein Hecht sein!“, schrie Max.

Die Rückenflosse zog ihre Kreise. Der Fisch hatte offenbar die Gefahr unterschätzt und sich nicht rechtzeitig in Sicherheit gebracht. Nun war er gefangen. Sein Gefängnis maß nur etwa zwei Meter im Durchmesser und an ein Entkommen war nicht mehr zu denken. Früher oder später würde der Wasserstand in dem Loch weiter zurückgehen und der Fisch musste verenden.

Wir begannen vom Ufer aus Äste in den Schlammboden des Mühlgangs zu werfen. Wir hofften, dass sie uns tragen würden und wir zum Wasserloch vordringen könnten. Ein erster Versuch misslang und ich sank bis zum Knie in den stinkenden Gatsch. Max kam mit einem Brett gelaufen, das er im angrenzenden Wäldchen gefunden hatte. Holzarbeiter mussten es liegen gelassen haben.

Auf dem Brett balancierend, erreichte ich den Rand des Wasserlochs. Es war sehr seicht. Ich konnte den Grund sehen. Und da war der Fisch. Im Wasser sehen alle Fische viel größer aus als sie tatsächlich sind. Die Brechung des Lichtes im Wasser wirkt wie ein Vergrößerungsglas. Oft waren wir enttäuscht, dass die großen Fische, die wir an der Angel hatten, zu Zwergen wurden, wenn sie an Land ankamen.

Dieser Fisch – und es war ein Hecht – sah erschreckend riesig aus. Selbst wenn er an Land die Hälfte seiner Größe einbüßen würde, war er noch immer der größte Hecht, den ich je gesehen hatte. Was sollten wir tun? Natürlich fangen! Hecht war ein echter Leckerbissen. Wir konnten sonst nichts für ihn tun. Aber wie sollten wir ihn fangen? Mit den bloßen Händen? Das war angesichts seiner scharfen Zähne und spitzen Flossen zu gefährlich. Wir erinnerten uns an Geschichten, dass Hechte Finger von Kindern abgebissen hatten, die einem noch lebenden Hecht ins Maul griffen.

Mit einer Angel mit Köder oder einem Blinker? Das war widersinnig. Kein Fisch, der sich in einer solchen Paniksituation eines Gefängnisses befand, würde Lust auf Fressen haben.

„Ich radle nach Hause und hole ein Unterfangnetz", rief Wolfgang und verschwand in den Büschen. Es dauerte eine Ewigkeit, bis er wieder erschien und stolz Vaters großes Unterfangnetz zeigte. Mir kam die Aufgabe zu, den Hecht zu fangen. Vorsichtig schob ich das Netz in die Mitte des Wasserlochs und wartete, bis der Hecht darüber schwamm. Dann hob ich das Netz hoch, doch der Fisch war schneller. Mit einem Flossenschlag floh er über die Netzkante. Fast ein Dutzend Mal musste ich es versuchen, ehe der Fang gelang. Meine Arme schmerzten bereits, als sich der Hecht in das Netz fallen ließ und sich nicht mehr wehrte.

Mit großer Mühe hoben wir den kapitalen Fisch an Land, befestigen ihn am Fahrrad und fuhren nach Hause. Der Hecht hatte fast acht Kilo. Ich jubelte und meinte, dass ich damit wohl den Wettbewerb in der Kategorie Hecht gewonnen hätte. Doch die anderen waren strikt dagegen. Der Fisch wurde wegen unwaidmännischen Fischens für die Wertung disqualifiziert. Dafür schmeckte sein Fleisch umso besser. Seinen Kopf froren wir ein. Vater kannte einen Tierpräparator in der Nähe von Graz, der den Hechtkopf präparierte. Das Maul dramatisch weit aufgerissen, blickte der Hecht in den folgenden Jahren aus seinen Glasaugen in die Gartenhütte. Unter ihm stand geschrieben: „Ein Tiefstandshecht aus dem Mühlgang". Er blieb für immer unser Rekordhecht.

Das große Abenteuer im Winter war das Aalruten-Fischen.

Wenn es zu Weihnachten sehr kalt war und wir in unserem Dauerbrandofen ständig nachlegen mussten, dann war die Zeit der Aalruten gekommen. Mutter beschrieb das immer als das ganz große Kleideranziehen. Sechs, sieben Schichten an warmer Wäsche zogen wir drei Männer an. Dicke gewalkte Fäustlinge ebenso wie Anoraks und Hauben.

Meist waren es die Nächte zwischen Weihnachten und Silvester, die wir am Mühlgang beim Aalruten-Fischen verbrachten. Es gab nur eine Stelle, an der man Aalruten, oder wie sie im Dorf hießen: „Ruten", fangen konnte. Es war dies eine Biegung des Mühlgangs fast an der Grenze zwischen den Bauernhöfen von Frau Sirf und Frau Počič, die jeweils bis an den Mühlgang reichten. Vater erklärte uns das Phänomen dieses besonderen Platzes damit, dass der Grund des Mühlgangs hier nicht lehmig oder erdig war (wie sonst durchwegs), sondern steinig. Eine Schotterbank reichte von unserem Fischplatz bis zur Biegung, in der das sogenannte Betonmäuerl begann. Diese Behelfsregulierung war errichtet worden, damit der Mühlgang bei Hochwasser nicht die unmittelbar daneben verlaufende Straße überflutete. Das Betonmäuerl war etwa 50 Meter lang und endete an der Grenze zwischen Frau Sirf und Frau Počič.

Wir saßen auf unseren Klappsesseln unter einer großen Ulme. Zwischen den entlaubten Bäumen fiel das Licht der Papierfabrik in Jugoslawien auf unsere Fischstangen, die fein säuberlich nebeneinander lagen, und wir konnten sehen, wo die Angelschnüre in den Mühlgang führten.

Es war bitterkalt. Jeder kleine Hauch wurde eine große Wolke vor dem Gesicht und wenn die Kleiderschichten auch anfangs keine Kälte durchließen, so änderte sich das mit der Zeit auf sehr unangenehme Weise. Die Kälte von oft mehr als 10 Grad minus kroch langsam durch jedes Kleidungsstück hindurch. Wir hatten lange Mäntel, die bis zum Boden reichten. Unter dieser Wärmeglocke ging es ganz gut. So saßen wir und harrten mucksmäuschenstill der Dinge, die da kommen würden. Manchmal gab es auch einen Schluck heißen Tee, den Vater in einer Thermosflasche mitgenommen hatte.

Vater mochte es überhaupt nicht, wenn wir – vor allem beim Fischen in der Nacht – sprachen. Er wollte nicht entdeckt werden, sondern alles aus der Finsternis heraus beobachten. Und oft gaben ihm die Umstände recht: Langsam glitt etwas den Mühlgang vom Betonmäuerl herauf. Eine Bisamratte besichtigte ihr Revier und hoffte offensichtlich, etwas Essbares zu finden. Anders als die Fledermäuse, die im Sommer mit ihrer Ultraschallortung dem Solin unserer Fischstangen perfekt auswichen, stießen die Bisamratten oft gegen die Angelschnüre und tauchten erschrocken im Wasser unter.

In manchen Nächten ging es aber Schlag auf Schlag. Kaum hatten wir unsere Wurmköder mit einem Grundblei (nachts fischten wir nie mit Schwimmer) auf den Grund des Mühlganges gelegt, begann sich das Solin zu bewegen und die Fischstange wackelte heftig. Dann hieß es, die Fischstange behutsam in die Hand zu nehmen, das Solin durch langsame Umdrehungen der Fischrolle zum Grundblei zu spannen und in dieser Stellung zu verharren.

Als kleine Buben konnten wir damit wenig anfangen, dass Vater uns erklärte, dass man das Solin zwischen Daumen und Zeigefinger nehmen müsse, um den Fisch zu spüren.

Erst später erlernten wir diese Kommunikation mit den Fischen, die durch vorsichtiges Zupfen am Köder „kosteten“ und durch ein plötzliches starkes Ziehen an der Angelschnur die Flucht mit dem Köder ankündigten.

Das war nun der Moment, in dem es galt, den Fisch zu heften, dass heißt, die Stange kurz nach oben zu reißen und dem Angelhaken einen festen Halt zu verschaffen. Nicht selten ging dieser Versuch daneben und der Fisch suchte das Weite. Oder er war schlecht „geheftet“ und kam von der Angel ab, ehe er an Land gehoben werden konnte (bei größeren Fischen nahmen wir das Unterfangnetz zu Hilfe, um den Fisch über die Böschung sicher an das Ufer zu bekommen).

In sehr guten Nächten fingen wir ein halbes Dutzend Aalruten. Oft fingen wir gar nichts. Dann saßen wir da und versuchten durch heftige Bewegungen mit den Armen und den Zehen die langsam in die Kleider kriechende Kälte zu bekämpfen. „Eine Zigarettenlänge bleiben wir noch“, sagte Vater dann immer. Damals rauchte er noch. Und wir hofften, dass doch noch eine Aalrute anbeißen würde.

Hatten wir ein Petri Heil, so mussten wir zu Hause noch die Fische ausnehmen. Bei den Aalruten mussten zusätzlich zum Inhalt der Bauchhöhle auch die lederartige, glitschige Haut abgezogen werden. Dazu wurde die Haut hinter dem breiten Kopf mit einem Messer durchtrennt und dann mit einer Zange abgezogen. Zurück blieb ein wunderschönes Fleisch. Aalruten sind Raubfische und haben wenige Gräten. Ihr breiter Kopf hat seitlich liegende Augen und ein breites Maul, das sie sehr weit öffnen können. Darin befinden sich schrecklich viele scharfe Zähne, mit der sie ihre

Beute – Würmer, kleine Fische – festhalten und tiefer in den Rachen ziehen.

Die winterlichen Aalruten-Fischgänge waren immer ein besonderes Abenteuer. In den Tagen nach erfolgreichen Fischzügen gab es dann zu Mittag Fisch, wobei wir alle Aalrute sehr gerne aßen.

Blinkern und Fliegenfischen

Im Frühjahr und Herbst war der Mühlgang unser Revier. Vater ging abwechselnd zu verschiedenen Stellen und fischte viele Stunden. Er genoss es von ganzem Herzen, in der Natur zu sein. Er erkannte jeden Vogel an seinem Zwitschern. Das hatte er von Großvater gelernt, der in der Nachkriegszeit Vögel gefangen und verkauft hatte. Die Wälder in Weitersfeld sind reich an Singvögeln. Neben Meisen (blau und schwarz), Kleiber, Fink, Spatz, Rotkehlchen, Zaunkönig, gab es auch Spechte, Amseln, Krähen und meinen Lieblingsvogel, den hübschen gelben Pirol.

Vater saß immer ganz ruhig am Wasser. So kamen die Vögel näher, aber auch im Wasser und am Ufer tauchten Tiere auf. Wasserschlangen, Eidechsen, Kröten, Bisamratten, Blindschleichen. Aus dem Wald erschienen Hasen, Rehe und Fasane auf den Lichtungen. Weitersfeld war ein Paradies. Für uns Kinder war es schön, die Gewissheit zu haben, dass es keine giftigen Tiere gab. Am gefährlichsten waren noch die Hornissen.

Wenn die Kirschen reif waren, kletterten wir auf die Kirschbäume von Frau Sterf und pflückten stundenlang. Wir aßen Unmengen an Kirschen und uns war regelmäßig schlecht. Schon in jungen Jahren lernten wir, dass man den Durst, den man bekommt, wenn man viele Kirschen isst, nicht mit kaltem Wasser löschen darf, weil man sonst schreckliche Magenkrämpfe bekommt. Tee ist da viel besser.

Auch Fische mögen Kirschen. Es ist nicht leicht, die Kirschen am Angelhaken zu befestigen, aber wenn es klappt, dann hat man gute Chancen, auch große Aitel zu fangen.

Als mein Bruder und ich uns mehr mit dem Fischen zu beschäftigen begannen (einige Zeit vor unserem Wettbewerbsjahr), da stießen wir auf das Fischen mit Blinkern. Opa hatte viele Blinker gehabt und offensichtlich viel in der Mur und im Mühlgang geblinkert. Vater fischte fast ausschließlich mit Naturköder.

Der Gemischtwarenladen von Frau Widiasch im Dorf war auch das lokale Fischergeschäft. Ein Teil des äußerst unübersichtlichen Geschäftes war für Fischzeug reserviert. Bei Frau Widiasch konnte man einfach alles kaufen: Glühbirnen, Hacken, Milch; sie schnitt auch Wurst auf und machte herrliche Wurstsemmeln mit Gurkerln. Es gab Süßigkeiten ebenso wie Mausefallen und Klebestreifen, die im Zimmer aufgehängt wurden und auf deren klebriger Oberfläche sich Fliegen niederließen und dort starben.

Vor dem Geschäft von Frau Widiasch konnten zwei Autos oder Traktoren parken, der Fahrradständer hatte Platz für vier Räder. Neben dem Geschäft gab es eine simple Tankstelle. Sie bestand aus einer Zapfsäule und einem kleinen Betongebäude, in dem ein Mischgerät für Mopedtreibstoff (Öl-Benzingemisch) und Zubehör für die Tankstelle untergebracht war. Das Tankstellengebäude ragte sehr weit in die Straße hinein und schuf ein unübersichtliches Straßeneck, wo auch wirklich manchmal Autos zusammenstießen, weil sie zu schnell um die Ecke kamen und das entgegenkommende Auto erst im letzten Moment sahen.

Frau Widiasch führte Fischstangen und -rollen, Solin, Angelhaken, Schwimmer, Schrott, Blei, ja auch Fischsessel und Stangenhalter. Sie verkaufte aber auch Köder und Blinker. Über die Jahre hatten die Fischer des Dorfes alle Blinker getestet und nur wenige waren erfolgreich. Von diesen gab es dann eine große Auswahl. Es waren Blinker der Marke Veli, die in rot-schwarz und grün-schwarz und in verschiedenen Größen angeboten wurden. Und auf diese Blinker „flogen" unsere Fische wirklich. Wenn man sie im Mühlgang durchs Wasser zog, hatte man bald einen ganzen Schwanz an Barschen und kleinen Aiteln, die den Blinker verfolgten. Sie waren aber in der Regel zu klein, um den Blinker-„Fisch" schnappen zu können.

Umso toller war das Erlebnis, wenn dann plötzlich ein schwarzer Schatten hinter einem Stein oder aus den Tiefen des Wassers herbei schoss, den Blinker schnappte und zur Flucht ansetzte. Mit dem Blinker gefangene Fische galten bei uns immer als etwas Besonderes.

Noch spezieller war das Fliegenfischen. Damit hatte sich Vater nie auseinander gesetzt. Zu meiner Firmung erhielt ich eine Ausrüstung für das Fliegenfischen. Sie bestand aus einer hauchdünnen, langen Fischstange, die ganz besonders elastisch war und sich einmal im Kreis biegen ließ. Dazu gehörte eine Fliegenfischrolle, auf der eine grüne dicke Fliegenschnur gewickelt war. Sie war deshalb so dick, weil sich im Inneren des Solins Luftblasen befanden, die bewirkten, dass die Schnur schwimmen konnte. Das war wichtig, damit die an der Spitze angebrachte künstliche Fliege auf

der Wasseroberfläche verbleiben und eine Zeitlang wie ein abgestürztes Insekt auf dem Wasser treiben würde. Dafür wurden die künstlichen Fliegen noch eigens mit einem Fettspray besprüht.

In einer kleinen Schatulle hatte ich eine Reihe von verschiedenfärbigen Fliegen bekommen. Mir gefielen die buntesten am besten, doch war ich nicht sicher, ob die Forellen und Saiblinge meine Vorlieben teilen würden. Ich hatte viel über das Fliegenfischen gelesen und wähnte mich als Experte, noch ehe ich das erste Mal eine Fliege ausgeworfen hatte. Das war nämlich nicht leicht: Durch Vor- und Rückwärtsschwingen muss man mehr und mehr freigegebenes Solin in die Luft bringen, sodass die Fliege weit hinaus auf den Fluss sachte auf das Wasser gelegt wird. Es sollte wie eine auf der Oberfläche landende Fliege aussehen.

An meinem Firmungstag fuhren wir in die Obersteiermark. Am Etrachsee sollte ich meine neue Ausrüstung ausprobieren können. Der See war ein bekannt gutes Forellenwasser und dem Petri Heil sollte nichts im Wege stehen. Mit einem geliehenen Ruderboot fuhren wir auf dem kristallklaren Wasser des Sees hinaus, vor uns die prachtvollen Gipfel der Schladminger Tauern.

War es das Wetter oder trafen meine Fliegen den Geschmack der Fische nicht, ich konnte mich noch so mit immer weiteren Auswürfen bemühen, kein Fisch würdigte meine Fliege eines Blickes, geschweige denn tat er ihr etwas zu Leide. Später habe ich dann in Weitersfeld einmal ein Aitel mit Fliege gefangen. Es war ein tolles Erlebnis, aber zu einem echten Fliegenfischer wurde ich nicht. Auch schon deshalb nicht, weil ich der einzige in der Familie mit einer Fliegenausrüstung war und ja doch nicht alleine zu einem Forellengewässer fuhr.

Flüchtlinge durchschwimmen die Mur

Es war vor Sonnenaufgang, gerade einmal in der Morgendämmerung, als es an unserer Gartentüre läutete. Eine ungewöhnliche Zeit, ein unheimlicher Klang in der sonst so ruhigen Nacht, in der man normalerweise nur das gleichförmige Rauschen der Papierfabrik in Süßenberg am anderen Ufer der Mur hörte.

Wer mochte das sein? Ich hörte, wie Mutter die Treppe hinunterstieg und auch Vater musste aufgewacht sein, da sich die beiden leise unterhielten. Ich platzte vor Neugierde: Wer hatte uns um diese Zeit aus dem Schlaf geweckt? Es musste etwas Wichtiges vorgefallen sein und das durfte ich nicht versäumen. Es muss wohl Ende der Sechzigerjahre gewesen sein. Wir hatten damals noch keinen Telefonanschluss und mussten zum Telefonieren zum Gasthaus Stockerwirt im Ort fahren.

Ich beeilte mich, die Leiter nach unten zu steigen. Vater war ebenfalls bereits in der Küche und da waren auch zwei fremde Menschen: ein jüngerer Herr und ein Kind, beide pitschnass und offensichtlich frierend. Mutter hatte ihnen Decken gegeben, in die sie sich um den Oberkörper eingewickelt hatten, und kochte gerade Tee.

Nach und nach erzählten sie uns ihre Geschichte: sie stammten aus der DDR und waren im Morgengrauen unbemerkt von den Patrouillen der jugoslawischen Grenzeinheiten über die Mur geschwommen. Den Plan dazu hätten sie seit vielen Jahren gehabt. Bei jedem Urlaub in Jugoslawien – dorthin durften Ostdeutsche auf Urlaub fahren, weil Jugoslawien ein sozialistisches Bruderland war – hätten sie die verschiedenen Möglichkeiten erkundet, über die grüne Grenze in die Freiheit zu gelangen. Schließlich sei ihre Entscheidung für die Mur gefallen, weil diese im Sommer zumeist einen sehr niedrigen Wasserstand und eine ungefährliche Strömung hatte.

Das Auto, mit dem sie zu dritt mit der Ehefrau und Mutter aus der DDR nach Jugoslawien gefahren waren, hatten sie bei einem Bauern in Grenznähe in die Scheune gestellt. Dann ging es zu Fuß ans Wasser und nach einem längeren Studium der Abstände, in denen die Grenzsoldaten mit ihren Maschinenpistolen auf dem schmalen Pfad entlang der Mur ihre Rundgänge machten, hätten sie ohne größere Probleme in den Fluss gleiten und das andere Ufer erreichen können. Im letzten Augenblick war aber der Mutter angst und bange geworden und sie hatte sich nicht in das Wasser getraut. So war sie alleine am anderen Ufer zurückgeblieben. Eine tragische Entwicklung für die Familie, denn die Mutter war sicher von den Grenzsoldaten erwischt worden.

Obwohl es für die Verwandten der Familie, die in der DDR zurückgeblieben waren, dramatische Konsequenzen haben würde – normalerweise „rächte“ sich das Regime an den Familienangehörigen für eine Flucht von Verwandten –, hatte sich die Familie zu dem Schritt entschlossen, weil die Verhältnisse in der DDR einfach nicht mehr auszuhalten waren.

Da saßen die beiden Flüchtlinge in unserer Küche, und wir stellten uns die Frage, was nun aus ihnen werden sollte. Und wie konnte man der Mutter helfen? Der Vater – er hatte sich in der Zwischenzeit als Markus Huber und seinen Sohn als Matthias vorgestellt – hatte ursprünglich sehr konkrete Pläne gehabt. Er wollte mit seiner Familie möglichst rasch den Zollgrenzbezirk verlassen und dann bei österreichischen Behörden um politisches Asyl ansuchen. Aber was würde mit der Mutter geschehen?

Ob man in Österreich bleiben oder doch nach Westdeutschland weiterreisen wolle, war noch ungewiss. Jedenfalls galt es, einen Aufgriff und eine Rückstellung nach Jugoslawien zu verhindern. Sie hatten Angst, dass die österreichischen Zollbehörden sie auf Druck der Jugoslawen ausliefern würden. Wir konnten uns das nicht vorstellen. Wer sollte auch um diese Zeit auftauchen? Die nächsten Zollämter waren in Mureck bzw. in Lichendorf. Andererseits gab es untertags den regelmäßigen Fährbetrieb an der Überfuhr mit einem Schichtwechsel um die Mittagszeit.

Herr Huber wollte rasch weiterziehen. Vater gab ihm ein paar alte trockene Sachen mit und auch für Matthias gab es trockene Kleider. Schließlich bekamen die Flüchtlinge noch etwas Geld, mit dem sie sich bei der Haltestelle an der Straße ein Busticket für den Frühbus nach Leibnitz kaufen sollten. Dann hasteten die beiden mit vielfachen Danksagungen für die freundliche Aufnahme davon. Meinen Bruder und mich ließen sie nachdenklich zurück: Wie übel musste ihnen zu Hause mitgespielt worden sein, dass sie in der Lage waren, ihrer Heimat den Rücken zuzukehren und sich auf ein solches Risiko einzulassen?

Am nächsten Tag erschienen Zollwachebeamte bei uns und befragten meine Eltern nach den Flüchtlingen. Sie waren von den jugoslawischen Behörden telefonisch benachrichtigt worden, dass zwei Personen über die Mur geschwommen waren. Eine Person sei festgenommen worden. Genauere Hinweise zu den Flüchtlingen gab es noch keine.

Vater und Mutter erzählten den Zöllnern die Ereignisse des Morgens. Aus der Gemütlichkeit, mit der sich die Beamten über den von meiner Mutter aufgewarteten Kaffee hermachten, schloss ich, dass sie keine große Eile hatten, die Flüchtlinge zu verfolgen. Offenbar hatten auch sie Sympathie für sie und wollten ihnen nach der halsbrecherischen Flucht einen Neubeginn ermöglichen. So dachte ich es mir und war stolz darauf, dass unsere Zöllner ein so großes Herz bewiesen.

Die Geschichte nahm schließlich ein glückliches Ende. Der steirische Landeshauptmann Josef Krainer nahm auf Bitten der ostdeutschen Flüchtlinge, die in Graz um Asyl angesucht hatten, Kontakt mit den jugoslawischen Behörden auf. Diese ließen sich erweichen und Mutter Huber ausreisen. Am Grenzübergang in Mureck kam es dann einige Tage später zur tränenreichen Familienzusammenführung.

Oft noch hörten wir von Murschwimmern; bei uns läuteten keine mehr. Zwar hielt Mutter nach dem Vorfall stets Decken und altes Gewand bereit, aber entweder waren die Grenzkontrollen in der letzten Zeit des Regimes von Marschall Tito schärfer geworden, oder die DDR war mit ihren Genehmigungen für Urlaubsreisen ihrer Bürger und Bürgerinnen nach Jugoslawien vorsichtiger. Später wurde unser Grenzabschnitt ein spannender Umschlagplatz für Schmuggler.

Jugoslawien führte in den Achtzigerjahren Beschränkungen für den Umtausch des Dinar – so hieß die jugoslawische Währung – in Fremdwährungen ein. Nur einmal pro Jahr konnten die Jugoslawen ins Ausland fahren. Viele Dinge des täglichen Lebens, die aus dem Ausland nach Jugoslawien eingeführt werden mussten, wie Kaffee und Bananen, verschwanden aus den Geschäften. Das war die Zeit, in der Schmuggler große Mengen an Kaffee in Schlauchbooten aus Österreich nach Jugoslawien brachten.

Uns taten die Menschen jenseits der Grenze leid. Vater, der beruflich öfter nach Jugoslawien, ins heutige Slowenien fuhr, hatte auch immer Kaffee und Bananen in höchstzulässigen Mengen mit, die er als Geschenke überreichte.

Für uns Kinder machten all diese Vorfälle die Grenzregion spannend. Sie bedeuteten Abenteuer und Aufregung, und wir sahen uns inmitten unglaublicher Vorfälle, über die wir jeden Sommer in unserer Ferienlektüre aus der Leihbibliothek in Mureck lasen und die rund um uns Wirklichkeit wurden. Die Detektivgeschichten, die wir in den Romanen von Enid Blyton mit großer Begeisterung verschlangen, geschahen in Weitersfeld direkt vor unserer Haustüre! Davon möchte ich später noch erzählen.

Preisfischen

Am Wochenende des alljährlichen Preisfischens des Fischereivereines in Weitersfeld war Vater regelmäßig ganz schlecht gelaunt. Ihn störte einfach alles an dieser Veranstaltung: die vielen Autos und Menschen, die Art und Weise, wie man die Fische im Mühlgang in die Enge trieb und den Fluss ausfischte und die grölenden Teilnehmer, deren Lärm bis spät nachts aus dem Dorf zu uns herüberschallte.

Der Fischereiverein veranstaltete das Preisfischen und sorgte für die Werbung. An allen Gemeindetafeln der Umgebung und in allen Bezirkszeitungen wurde darauf hingewiesen, dass es wiederum höhere und bessere Preise als im Vorjahr zu gewinnen gab.

Das Preisfischen fand im Mühlgang statt. Im Wäldchen hinter dem Haus von Frau Sirf wurden an jedem zweiten Baum Nummern angebracht, die den Preisfischern durch Los zugeteilt wurden. Die Abstände waren zu gering und die Petrijünger kamen sich regelmäßig in die Quere, wenn ihre Schwimmer in den Köder des nächsten Fischers hineintrieben. Da offenbar niemand die schwieriger zugänglichen (und für uns aufregenderen) Teile des Mühlgangs befischen wollte – vielleicht war es den Veranstaltern zu mühsam, Wege durch das Dickicht zu schlagen und Fischplätze zu schaffen –, versammelten sich alle Teilnehmer und Fischerinnen (auch solche gab es, aber sie waren in der Minderzahl) auf einem kurzen Abschnitt. Dort floss der Mühlgang träge dahin.

Von unseren Fischzügen wussten wir, dass in diesem Abschnitt Karpfen, Schleien, Aitel und viele kleine Fische zu Hause waren. Hechte und die gelegentliche Forelle konnte man nur weiter flussaufwärts fangen; dort wo das Wasser sauerstoffreicher war und umgefallene Bäume und Äste im Wasser den Unterstand für die Raubfische anboten.

Vater, der die „Treibjagd auf die Fische", wie er es nannte, ablehnte, erzählte uns eine Geschichte aus der Zeit seines Vaters, als es das Preisfischen auch schon gab. Damals habe ein verwegener Fischer gewonnen, weil er statt am Fischen teilzunehmen nach Leibnitz gefahren sei und einen großen Karpfen aus dem Sulmsee gekauft hatte. Ob die Geschichte erfunden war, konnten wir nicht sagen. Aber Vater wollte damit wohl zeigen, wie lächerlich er den ganzen Auftrieb an Menschen fand, die sein sonst so friedliches Fischwasser empfindlich störten.

Wir Kinder wollten natürlich zusehen, was beim Preisfischen so gefangen wurde. Wir gingen wie viele andere von Fischer zu Fischer. Das war so üblich. Wie eine kleine Prozession wanderten die Schaulustigen im Respektabstand hinter den Fischern auf und ab. Wir konnten nur den Kopf schütteln. Vater hatte uns beigebracht, dass die Fische auf die kleinsten Erschütterungen des Ufers reagierten und das Weite suchten. Nur hatten sie es an diesem Tage schwer, das Weite auch zu finden. Denn kaum flohen sie vor einem „Erdbeben" am Ufer und den vielen Angelschnüren, die das Wasser durchschnitten, landeten sie vor einem anderen Köder. Irgendwann musste ihnen ja der Geduldsfaden reißen. Dann bissen sie wahrscheinlich schon aus Ärger und Verzweiflung zu und landeten in einem der Kescher, die zu hunderten vom Ufer in das Wasser hingen. Welchen Köder die Teilnehmer verwendeten, war ein besonderes Geheimnis. Aus allen möglichen Töpfen und Säcken wurden Wunderfutter hervorgezogen, die durch Geruch und Geschmack alle Fische des Baches an einen Platz locken sollten.

Die Ausbeute der Fischer war mickrig. Interessant war es, die Taktik der Fischer zu beobachten: Manche machten Jagd auf große Karpfen und boten riesige Köderkugeln an. Andere versuchten, in kürzester Zeit möglichst viele, auch noch so kleine Fische zu fangen.

Gewinnen konnte man einerseits mit dem höchsten Gesamtgewicht der gefangenen Fische oder mit dem größten Einzelfisch. Welcher Gattung der Fisch angehörte, war nicht entscheidend. Bei unserem Familien-Fischwettbewerb, der das ganze Jahr über durchgeführt wurde, achteten wir sehr genau darauf, wer welchen Fisch und in welcher Größe fing. Aber das hätte wohl das Preisgericht überfordert.

Abends flossen dann Bier und Wein in Strömen. Beim Stockerwirt waren Tische und Bänke im Freien aufgestellt. Auf einem hölzernen Tanzboden spielte eine Band und durch den Lautsprecher wurden die Gewinner des Preisfischens angesagt. Es gab Geldpreise und Sachpreise. Wir saßen auf der Wiese im Dorf und hörten der Preisverleihung zu: Einige wenige große Fische waren gefangen worden, zumeist Karpfen. Viele hatten große Mengen an kleinen Fischen gefangen, was uns leid tat, denn das bedeutete, dass es weniger Nachwuchs geben würde. Allerdings setzte der Fischereiverein nach dem Preisfischen viele kleine Fische, sogenannte Setzlinge, aus. Damit war dann doch die Zukunft des Fischwassers gesichert. Die ganze Nacht über, bis in die frühen Morgenstunden, hörten wir den Lärm des Fischereifestes bis zu unserem Häuschen an der Mur. In der Früh war das Fest wie ein Spuk vorüber und Vater atmete auf.

Mit Karte und Kompass

„Überleben in der Wildnis" war der Titel des Buches, von dem ich schon erzählt habe und das wir alle fast auswendig kannten. Es würde uns für den unwahrscheinlichen, aber doch jederzeit möglichen Fall einer plötzlichen Notsituation in freier Wildbahn mit allen Anweisungen versorgen, die wir zum Überleben benötigen würden. Wie macht man ein Feuer ohne Zündhölzer? Oder wie orientiert man sich in der Wildnis ohne Karte und Kompass? Wie findet man Nahrungsmittel oder – noch wichtiger – wie schafft man sich auch unter widrigen Umständen eine angenehme Unterkunft, die einen nicht nur warm, sondern auch trocken hält?

Viele der Ratschläge des Buches haben wir im Laufe der Sommer in Weitersfeld ausprobiert und waren immer aufs Neue glücklich, in freier Natur den Ernstfall des Verschollen-Seins nachspielen zu können.

Wir wollten aber auch mit Karte und Kompass umgehen können. Dazu kauften wir uns in Graz eine Karte von Mureck im Maßstab von 1:50.000, d. h. ein Zentimeter auf der Karte entsprach 500 Meter in Wirklichkeit. Auf dieser sehr genauen Karte war sogar unser Haus in Weitersfeld eingezeichnet.

Den kühnsten Gedanken, den wir bei allen Orientierungsversuchen mit der Karte hatten, nämlich auf einer geraden

Linie von Weitersfeld nach Graz zu wandern, sollte ich später einmal in die Wirklichkeit umsetzen. Da war ich aber schon viel größer und wäre dennoch daran fast gescheitert. Ich tat es nämlich im fortgeschrittenen Jahr und musste mit Stiefeln durch oftmals tiefen Schnee stapfen, was eine ungeheure Kraftanstrengung kostete und mich am nächsten Tage fast lähmte, so heftige „Spatzen“ hatte ich in den Schenkeln zu ertragen.

Wir begannen uns Orientierungsaufgaben zu stellen. Wie findet man den Punkt x oder y? Wir begannen auch, die Orientierung in der Nacht zu versuchen: Dabei half uns das Studium der Sternzeichen. Schon bald fanden wir – sofern es die Klarheit des Sternenhimmels erlaubte – jederzeit spielend den Großen Wagen und seinen kleinen Bruder, und den Polarstern, der uns die Nordrichtung wies.

Es war aufregend, die Karte nach Anhaltspunkten, wie Flusswehren, Wegweisern oder einzelnstehenden Bäumen zu durchsuchen und diese dann mit dem Kompass aufzuspüren. Um mit dem Kompass arbeiten zu können, mussten wir uns immer weiter von Weitersfeld entfernen, weil wir in der Umgebung unseres Hauses bereits jeden Baum und jeden Strauch kannten. Dadurch benötigten wir keine Karte und auch keinen Kompass mehr, ja auch in bewölkten Nächten hatten wir keine Probleme, uns sofort orientieren zu können.
Ein spannendes Orientierungsspiel ist das Umgehen von Hindernissen mit Karte und Kompass. Dabei geht es darum, die kürzeste Linie zwischen einem Ausgangspunkt und einem Ziel zu gehen. Wenn aber ein unüberwindliches Hindernis, wie ein Bach oder ein See auftauchte, so musste man

eine Umgehung so perfekt durchführen, dass man sich nach dem Hindernis wieder auf der ursprünglichen kürzesten Linie befand.

Natürlich kannten wir die Bedeutung jedes Zeichens auf der Karte und mussten nicht mehr in der Legende nachsehen. Die Höhenlinien hatten für uns weniger Bedeutung, da die Gegend der Mur-Auen kaum Höhenunterschiede aufwies. Einzig in Jugoslawien hätte es Hügel gegeben, aber dort sind wir nie mit Karte und Kompass gewandert, sondern haben Radtouren gemacht, bei denen wir immer auf den größeren oder kleineren Straßen blieben.

Seen und Teiche gibt es in der südlichen Steiermark in großer Zahl. Die meisten sind natürlichen Ursprungs, manche sind Schotterteiche. Dabei füllen sich Senken, aus denen der Schotter mit Baggern für den Haus- und Straßenbau gewonnen wird, mit Grundwasser. Daraus sind sehr schöne Badeseen entstanden, und durch das Einsetzen von Fischen wurden aus manchen auch beliebte Fischteiche.

Uns faszinierten die unberührten Gewässer, die möglichst weitab von Orten lagen und uns das Gefühl gaben, in der wirklichen Wildnis zu sein. Auf der Landkarte suchten wir nach neuen, uns noch nicht bekannten Wäldern und Seen und veranstalteten Expeditionen mit dem Fahrrad.

Wir finden den Eisbachteich

Der Eisbachteich hatte eine besondere Anziehungskraft. Vielleicht lag es daran, dass wir bei einem Versuch bis zu ihm vorzudringen gescheitert waren und dies nicht auf uns sitzen lassen wollten. Warum hatten wir ihn nicht erreicht? Von unserem Häuschen aus lag der See auf der nördlichen Seite eines großen Waldgebietes. Wir hatten uns in den Kopf gesetzt, mit dem Kompass so exakt durch den Wald zu wandern, dass wir auf der anderen Seite genau beim See herauskommen würden.

Für diese Expedition hatten wir unsere Räder hergerichtet, die Reifen aufgepumpt, die Bremszüge neu eingestellt. Die ganze Viererbande war mit Jause und Getränken in Rucksäcken ausgerüstet. Frühmorgens brachen wir zur Expedition Eisbachteich auf. Von unserem Häuschen bis zum großen Wald in Brunnsee mussten wir zunächst fast eine Stunde radeln. Die Straßen im Dorf waren nicht zur Gänze asphaltiert, Autos gab es sehr wenige, doch wenn hinter einer der vielen Kurven ein Traktor mit seinem großen Heu-Anhänger auftauchte, flüchteten wir in den Straßengraben.

Wir fuhren durch Weitersfeld-Dorf, vorbei am Kirchstöckl und dem Dorfgasthaus. Dann ging es über eine lange Gerade nach Weitersfeld-Straße. Dort gab es ein weiteres Gasthaus mit einer Bushaltestelle, das Gemeindeamt und den

Bahnhof. Unendlich lange erschien uns die Gerade nach Brunnsee, dem nächsten Ort auf dem Weg nach Norden. Für uns Kinder barg Brunnsee viele Geheimnisse: Im Ort stand das Schloss eines Grafen, dem die Ländereien rund um den Ort gehörten. In unserer Vorstellung war das ein mittelalterliches Schloss, in dem die Bewohner in prächtigen Kleidern große Feste feierten und wo es sicher auch ein Schlossgespenst gab.

Der Ort Brunnsee war klein. Er hatte aber ein eigenes Volksschulgebäude, das auf einem Hügel stand, um den sich Fischzuchtteiche reihten. Diese Karpfenteiche waren fast vollständig mit großen Seerosenblättern verwachsen.

Durch den Ort Brunnsee mussten wir durchradeln und dann den richtigen Feldweg in den Wald finden. Am Ortsrand stand eine verfallene Ziegelfabrik. Warum war sie nicht mehr in Betrieb? Gebaut wurde in der Gegend genug. Alte Fabriksgebäude haben etwas Unheimliches. Die großen Hallen und der hoch aufragende Schornstein blickten zu uns als wären sie nicht einverstanden, dass vier Kinder an ihnen vorbei wollten. Die Zäune rund um das Werk waren teilweise umgefallen. Überall gab es Brennnessel: ein fast undurchdringliches Gestrüpp. Der Gedanke, diese Industrieruine zu erforschen und auf Spuren alter Zeit zu stoßen, reizte mich sehr. Es war Max, der uns in die Realität zurückrief: „Wir haben keine Zeit, wenn wir heute noch bis zum Eisbachteich und zurück nach Weitersfeld wollen. Trödelt nicht herum. Auf geht's!"

Wir waren sehr sicher, dass wir aus den vielen Feldwegen, die in den Wald führten, den richtigen gewählt hatten. Es war ein typischer „Roan", ein Feldrain, wie die Feldwege hießen: ein Traktorweg, der den Bauern der Umgebung die Zufahrt zu ihren Feldern ermöglichte. Laut Karte war jener, der am Ziegelwerk vorbei lief, der einzige, der durch den ganzen Wald direkt zum Eisbachteich führen würde. Der Brunnseer Wald war der größte Wald in der Region. Nur Teile von ihm wurden von Holzfällern bearbeitet und nach Holzschlägen wieder aufgeforstet. Große Teile erschienen uns unberührt. Unser Weg würde geradewegs durch den dichtesten Teil des Waldes führen.

Wir hatten keine Angst. Gefährliche Tiere sollte es auch keine geben. Der Wald war Heimat von Rehen und Hirschen. Am meisten würden wir uns vor den gelegentlichen Blindschleichen fürchten, weil wir viel über Kreuzottern und ihre Bisse gelesen hatten. Dass Kreuzottern in der Südsteiermark praktisch nicht vorkamen, beruhigte uns nur wenig.

Bald schon wurde es sehr schwierig, mit den Fahrrädern voranzukommen. Der starke Regen der letzten Wochen hatte die beiden Fahrspuren des Feldweges zu rutschigen Lehmbahnen gemacht. „Macht es doch wie ich", meinte Georg, der in der Mitte des Roans auf dem erhöhten Mittelriegel des Weges fuhr. Durch das Gewicht der Fuhrwerke und Traktoren hatten sich die Spurrillen tief in den Boden eingegraben, während der dazwischenliegende Mittelteil immer höher aus dem Boden ragte. Georgs Idee war gut, nur hatte der Mittelriegel dichte Gräser und Pflanzen, die mehr und mehr von Brennnesseln durchsetzt waren.

So mussten wir doch unseren Weg in den Schlammrillen fortsetzen. Wir radelten schon einige Zeit, als wir zu einer Abzweigung kamen. Unsere Karte war eindeutig. Wir mussten den linken Weg nehmen, auch wenn der rechte in viel besserem Zustand war. Wenig erfreulich war es, dass wir erst ganz am Anfang unserer Walddurchquerung standen. Ja, wir hatten den dichtesten Teil des Waldes noch gar nicht erreicht. Keiner von uns wollte sich eingestehen, dass die Durchquerung des Brunnseer Waldes sehr schwierig, bis unmöglich werden könnte.

„Seid keine Angsthasen", meinte Georg, „wir schaffen das schon." Vor unseren Augen sahen wir einen wunderschönen See inmitten des Waldes, den wir „entdecken" wollten. Ein Zurück wäre eine Niederlage gewesen. Wir bekämpften unsere Furcht.

Links und rechts des Weges wurden die Brennnesselwände immer dichter, der Schlamm in den Spuren immer tiefer. Das Fahren auf dem Mittelriegel war schon seit einiger Zeit nicht mehr möglich. Erste Brennnesseln brannten mich durch meine Hose hindurch. Als Jüngster der Gruppe wollte ich kein Feigling sein. Ich ignorierte das Jucken und Brennen und fuhr weiter. Rings um uns wurden die Bäume dichter. Es waren vor allem Fichten, die anfänglich vereinzelt zwischen den Laubbäumen standen und nun immer zahlreicher wurden, als wollten sie uns umzingeln und erdrücken.

Georg fuhr vorne weg und hatte einen ziemlichen Abstand auf uns gewonnen. Er fuhr einfach weiter und drehte sich nicht einmal um. Das machte es für uns unmöglich, stehen zu bleiben und nachzudenken, ob ein Weiterfahren Sinn machen würde. Schon bald hatten wir ihn aus den Augen verloren. Wir folgten im Gänsemarsch der Fahrräder seinen Spuren, die sich in dem immer tiefer werdenden Schlamm verloren.

Es war wie in einem schlechten Traum. Plötzlich rutschte mein Vorderreifen weg. Ich versuchte das Fahrrad – es war wohl doch zu groß für mich – gerade zu stellen und geriet tiefer in den Schlamm. Ich steuerte aus der Spurrille in das danebenliegende Dickicht. Dann blockierte das Vorderrad und in einem hohen Bogen stürzte ich in die Böschung. Als wäre ich mit dem Gesicht auf glühenden Kohlen gelandet, durchschoss mein Gesicht ein feuriges Brennen. Alles an mir brannte und ich schrie auf. Ich war mitten in ein Brennnesseldickicht gefallen und mein Fahrrad war auf meinem Fuß zu liegen gekommen. Schlimmer noch: mein rechter Fuß steckte in einem Schlammloch. Der Schlamm hatte sich über meinem Stiefelrand geschlossen und klemmte meinen Fuß wie eine Zange ein.

Wolfgang und Max hatten meinen Unfall beobachtet. Sie legten ihre Räder nieder und kamen, um mir zu helfen. Ich konnte mich nicht bewegen. Das Fahrrad lag auf mir, der Fuß war im Schlamm eingeklemmt. Das Schlimmste aber war das Brennen im Gesicht und am ganzen Körper, das mir kalte und heiße Schauer den Rücken hinauf und hinunter jagte. Es fühlte sich an wie Fieber, das in Wellen durch meinen Körper schoss.

Gemeinsam gelang es den beiden, das Fahrrad von mir wegzuziehen. Damit sie aber zum Fahrrad kommen konnten, mussten sie sich durch das Dickicht kämpfen und schon waren auch sie ein Opfer der Brennnesseln.

Mein Stiefel steckte fest. Flehentlich blickte ich zum Himmel. Er war nicht zu sehen, denn die Fichtenäste bildeten ein dichtes Dach über meiner Unglücksstätte. An ein Aufstehen war nicht zu denken, da bei meinen Versuchen mein zweiter Fuß im Schlamm zu versinken begann. Die Schmerzen, die Hilflosigkeit und die Ausweglosigkeit trieben mir die Tränen in die Augen.

Wolfgang und Max wussten nicht, was sie tun sollten. Sie versuchten sich zu mir durchzukämpfen, mussten aber umkehren, als sie ebenfalls im Schlamm zu versinken begannen.

Georg blieb verschwunden. Bis zum Ort war es sicher eine gute halbe Stunde mit dem Fahrrad. Panik ergriff uns alle. Ich begann am ganzen Körper zu zittern. Das war wohl eine Reaktion auf das viele Brennnesselgift, das sich über meine Haut verteilt hatte.

Wolfgang fand einen dicken, sehr langen Ast, den er mir entgegenstreckte. Ich ergriff ihn mit meinen schon mit dichten Blasen übersäten Händen und hielt mich fest. Gemeinsam mit Max begann er, an dem Ast zu ziehen und ich spürte, dass sich meine mittlerweile bis über das Knie im Schlamm versunkenen Beine zu bewegen begannen. Gurgelnde und saugende Geräusche waren zu hören, als sich die Beine im Schlamm bewegten. Ich hatte mich auf die Seite gedreht und hielt den Ast umklammert. Plötzlich krachte es laut und ich lag mit einem Stück des Astes da: Er hatte den starken Zug und mein Gewicht nicht ausgehalten und war gebrochen.

In diesem Augenblick kam Georg zurück. Er hatte sich gewundert, warum wir ihm nicht gefolgt waren. Er war an einer Stelle des Weges stehen geblieben und umgekehrt, wo an ein Weiterkommen nicht mehr zu denken war. Offenbar war der Weg seit vielen Jahren nicht mehr befahren worden und das Dickicht des Waldes hatte den unnatürlichen Einschnitt in seine Welt zurückerobert. Der Weg endete. so erzählte Georg später, einfach im Nichts, das heißt in einer Wand aus Ästen, Brennnesseln und Dornen.

Georg kletterte auf einen nahegelegenen Baum und begann mit seinem Taschenmesser einen langen Ast abzuschneiden. Die Minuten verronnen. Mein Gesicht glühte, meine Finger brannten. Ich konnte meine Beine nicht mehr bewegen und lag seitlich in einer Schneise aus Brennnesseln, die ich mit meinem Fahrrad geschlagen hatte, als ich vom Weg abkam.

Meine Tränen waren getrocknet. Die Schmerzen am ganzen Körper waren gleichmäßig geworden. Mir war kalt und ich versuchte mir vorzustellen, dass dies alles nur ein böser Traum war, aus dem ich bald erwachen würde.

Als mich meine drei Retter schließlich mit dem Ast aus dem Schlammloch zogen, blieben meine Stiefel im Schlammloch stecken. Sie sind wohl noch heute dort, inmitten von Brennnesseln, unter einem Dach aus Fichtenzweigen, irgendwo im Urwald des Brunnseer Waldes.

An den Heimweg habe ich wenige Erinnerungen. Ich erinnere mich nur, dass mein Fahrrad ständig quietschte, weil sich beim Sturz etwas verbogen hatte. Das Treten mit bloßen Füßen war nicht angenehm, aber ich hatte die schlammdurchtränkten Socken ausgezogen. Mir war gleichzeitig kalt und heiß. Beseelt von dem Wunsch heimzukommen, achtete ich nicht auf meine Schmerzen, sondern trat kräftig in die Pedale.

Mutter hatte sich schon gesorgt. Es war Abend geworden,

als wir heimkamen. Schon der Weg bis zu meiner Unfallstelle hatte länger gedauert, als wir für die ganze Durchquerung des Waldes berechnet hatten. Wir lernten daraus eine für uns sehr wichtige Lektion: Landkarten vermerken bestehende Wege, können aber über ihren Zustand nichts aussagen. Und mehr noch: Wenn man merkt, dass man sich auf einem falschen oder undurchdringlichen Weg befindet, muss man rasch entscheiden und rechtzeitig umkehren.

Mutter hatte eine großartige Salbe, die sie nach einem intensiven Bad in unserer Metallbadewanne großflächig auf meinem Körper verteilte. Bald sank ich in einen langen Schlaf und war am nächsten Morgen überzeugt, dass ich nur schlecht geträumt hatte.

Den Eisbachteich haben wir auf einem anderen Weg erreicht. Er hat uns nicht enttäuscht. Die Hälfte seines Ufers grenzt an eine Lichtung, die andere Hälfte ist von dichtem Wald umgeben. Der Eisbachteich ist wildromantisch. An seinen Ufern gibt es große Flächen von Farnen, die sich wie Teppiche um die vielen kleinen Buchten des Teiches schlängeln. Hunderte von Wildenten besiedeln den See, der wohl auch großen Fischreichtum beherbergt. An manchen Stellen gibt es Seerosen und an jenem Teil, der der Lichtung zugewendet ist, steht eine verfallene Fischerhütte. Vor ihr führt ein kleiner Steg in den See hinaus. Auf diesem saßen wir Monate später, als wir den See schließlich doch mit dem Fahrrad erreicht hatten.

Als wir auf dem Steg saßen, die kleinen Fische an der Oberfläche fütterten und den Wildenten bei ihren Kopf-unter-Wasser-Übungen zusahen, hatten wir das Erlebnis der gescheiterten ersten Expedition schon wieder vergessen. Den

Weg, auf dem wir durch den Brunnseer Wald mit den Fahrrädern zum See hätten gelangen sollen, haben wir aber trotz intensiver Suche am bewaldeten Ufer nicht gefunden.

Der Hahn im Mühlgang

Frau Počič war sehr stolz auf ihren prächtigen Hahn. Inmitten seiner stattlichen Hühnerschar stolzierte er auf dem Hof herum und zeigte allen Besuchern, dass er der Herr des Hofes war. Er hatte auch schon einige der Besucher des Bauernhofes angefallen. Wie ein Wachhund raste er auf vermeintlich unliebsame Besucher zu und flog ihnen direkt ins Gesicht. Die erschrockenen Besucher ergriffen daraufhin immer gleich die Flucht.

Der Hahn war im Dorf und sogar in Mureck berühmt. Die Zahl der Besucher von Frau Počič ging rasch zurück. Keiner wollte es mit dem angriffslustigen Tier zu tun bekommen. Wegen seiner geschickten Angriffe hatten wir ihn Napoleon getauft.

Eines Tages beschlossen wir, dem Hahn einen Streich zu spielen. Wir konnten es nicht zulassen, dass Napoleon die ganze Umgebung tyrannisierte. Sogar wir mussten auf unseren Streifzügen einen Umweg um den Hof von Frau Počič machen, weil wir uns vor ihm fürchteten.

Unser Plan war, den Hahn von seinen Hühnern wegzulocken und ihn dann mit Besen möglichst weit in den Wald hineinzutreiben. Napoleon sollte am eigenen Leibe verspüren, wie es war, angegriffen zu werden. Und wenn wir zu viert auf ihn losgingen, würde er vor der Übermacht die

Flucht ergreifen. Da waren wir sicher. Aber wie konnten wir ihn von seiner Hühnerschar weglocken? Zu sehr hatten wir Angst, dass ihm seine Hühner zu Hilfe kommen und auf uns einhacken würden.

Vom Platz vor der Scheune, wo Frau Počič regelmäßig die Hühner fütterte, hatten wir eine Linie um die Scheunenecke zu einem Holzstoß gezogen. Hinter dem Holzstoß wollten wir warten und dann zu viert mit viel Gebrüll auf den Hahn zulaufen und ihm den Rückweg zum Hof versperren.

Frau Počič war nach Mureck geradelt und hatte zuvor Futter für die Hühner ausgestreut, ehe sie davonfuhr. Wir saßen hinter dem Holzstoß und beobachteten die Abfahrt von Frau Počič. Dann liefen wir in den Hof. Napoleon und seine Hühner hatten ihren Stall noch nicht verlassen. Rasch begannen wir, wie in unserem Plan ausgedacht, kleine Mistwürmer – ein echter Leckerbissen für Hühner – vom Futterplatz weg in kurzen Abständen zur Scheunenecke auf den Boden zu legen. Dann legten wir uns wieder auf die Lauer.

Als erstes schritt der Hahn hocherhobenen Hauptes aus dem Stall und setzte zu einem ohrenbetäubenden „Kikeriki" an. Dahinter kamen seine Hennen im Gänsemarsch. Napoelon war wirklich ein prächtiges Tier. Er war sehr groß und hatte am Hals ein in allen Regenbogenfarben schillerndes Gefieder. Sein Schnabel war gelborange und furchterregend groß. Seine Spitze konnte sicher schwere Verletzungen verursachen. Dazu hatte er scharfe Krallen an den gelben Füßen, die er ebenfalls als Waffe einsetzen konnte.

Napoleon blickte sich um, als wollte er seine Herde kontrollieren. Kaum war er beim Futterplatz angelangt, als er den ersten Wurm erspähte. Rasch näherte er sich dem Köder und pickte ihn mit sichtlicher Genugtuung auf. Die Hühner hatten sich bei den Maiskörnern eingefunden und pickten im Staccato auf die Körner ein.

Der Hahn folgte ahnungslos unserer Köderspur. Er war sichtlich begeistert, dass ihm solche Leckerbissen in kleinen Häppchen in einem Abstand angeboten wurden, der es ihm erlaubte, den vorangegangenen Wurm genüsslich zu schlucken. Wir saßen hinter dem Holzstapel, als Napoleon um die Ecke bog und direkt auf uns zusteuerte.

Mit einem die Stille zerfetzenden Gebrüll rannten wir auf beiden Seiten hinter dem Holzstoß hervor, schwangen wie Hexen unsere Besen und rannten auf den Hahn von hinten zu. Verwirrt drehte er sich um und wich zurück. Er sah vier für ihn riesige Gestalten auf sich zu rennen und ergriff panikartig die Flucht. Er lief genau in die Richtung, in die wir ihn abdrängen wollten: weg von seinen Hühnern und auf das kleine Wäldchen am Mühlgang zu. Er rannte um sein Leben und wir kamen kaum nach. Bei den ersten Bäumen schien es, als würde er innehalten. Doch ein Blick auf die Verfolger belehrte ihn eines Besseren und er rannte in das Wäldchen hinein.

Damit war unser Plan bereits erfolgreich. Wir hatten dem so stolzen Napoleon einen anständigen Schreck eingejagt. Womit wir nicht gerechnet hatten, war, dass der Hahn so panisch war, dass er in seiner Flucht nicht mehr stehenbleiben wollte oder konnte. Wir hatten unseren Lauf gestoppt und wollten Napoleon im Wäldchen alleine zurücklassen. Doch wir sahen, dass er immer weiter und weiter lief und schon am Ende des Wäldchens angelangt war. Und dann tat der Hahn in seiner Todesangst etwas, an das wir nicht im Traum gedacht hatten: Er sprang in den Mühlgang!

Wir blickten uns entsetzt an. Ein Hahn konnte doch nicht schwimmen! Wieso tat er das? War er so von sich überzeugt, dass er meinte, dass er auch das Wasser würde meistern können? Es kam, wie es kommen musste: die Flügel zur Seite gespreizt trieb der Hahn auf dem Mühlgang und schaute uns aus der Entfernung traurig an. Die Strömung hatte ihn erfasst und trieb das hilflose Tier, unter den Ästen der Uferbäume hindurch, immer weiter den Bach hinab. Wir rannten los. Der Hahn schwamm auf der anderen Seite des Baches. Hilfesuchend blickte er auf uns, die ihn in diese missliche Lage gebracht hatten. Nun machte sich Panik unter uns breit. Wir mussten ihn unter allen Umständen retten.

Doch Napoleon tat nichts, was ihn hätte retten können. Er lag unbeweglich auf dem Wasser. Wenigstens ging er nicht unter. Aber wo würde er an Land gehen können? Das Ufer war abschüssig. Die Böschung würde er niemals hinaufklettern können. Zu allem Überdruss war Napoleon mittlerweile bei einem Ast hängengeblieben. Er konnte nicht vor und nicht zurück. Sein Kopf war in einer Astgabel eingeklemmt und die Flügel begannen langsam in der Strömung zu versinken.

Auf unserer Seite des Mühlgangs war eine Sandbank. Wir zogen unsere Schuhe aus und wateten in das Wasser. Es war kalt und die Steine schmerzten auf unseren Fußsohlen. Wir nahmen davon keine Notiz. Als wir schon bis zum Bauch im Wasser standen, waren wir erst bei der Hälfte des Baches angekommen. Die Strömung wurde stärker und wir verloren den Halt. Der Boden des Mühlgangs war in der Mitte lehmig und an ein Weitergehen war nicht zu denken.

Plötzlich gab es ein lautes Geräusch am gegenüberliegenden Ufer. Napoleon hatte in Todesnot mit seinen Flügeln geschlagen, um sich aus seinem Gefängnis zu befreien. Sein Kopf rutschte aus der Astgabel, die ihn hielt, aber durch den Flügelschlag gerieten seine Flügel unter das Wasser und zogen ihn hinab. Mit einem Mal war der große Hahn verschwunden. Unsere Augen suchten ängstlich die Wasseroberfläche ab. Wo würde er wieder zum Vorschein kommen? Aber nichts rührte sich. Wir kämpften uns zurück an Land und liefen am Ufer entlang. Nichts regte sich.

Als wir um die Flussbiegung kamen, sahen wir Napoleon. Oder vielmehr seinen Leichnam. Der Hahn lag regungslos an einer seichten Stelle des Mühlgangs im Wasser. Die Federn klebten am Körper. Der so stolze Hahn war ein kleines, verklebtes Häufchen geworden. Der Kopf kam beim Anschwemmen unter die Flügel zu liegen. Ein zufällig Vorbeikommender hätte nicht vermutet, dass dieser nasse Federball ein Hahn sein konnte.

Weinend zogen wir Napoleons leblosen Körper aus dem Wasser. Das hatten wir doch nicht gewollt! Wieso war dieses dumme Tier ins Wasser gesprungen? Es musste doch wissen, dass es dort umkommen würde. Schwere Gewissensbisse begannen uns zu plagen. Was würden die Eltern sagen? Wie konnten wir das jemals gut machen? Würde Frau Počič gar die Polizei holen?

Wir hatten den Lausbubenstreich übertrieben. Das war klar. Nun mussten wir dafür gerade stehen. Was war das doch für eine blöde Idee gewesen! Aber konnte man damit rechnen, dass der große Napoleon sich so dumm verhalten würde? Er, der Herr über eine riesige Schar von Hühnern?

Wir wickelten die Überreste Napoleons in Laub und trotteten völlig durchnässt durch das Wäldchen auf den Feldweg und vorbei am Gehöft von Frau Sirf nach Hause.

Mutter stand in der Küche und war über die Kochtöpfe gebeugt, aus denen es herrlich roch. An anderen Tagen hätte ich mich darüber gefreut, an diesem Tag war mir nur übel vor lauter schlechtem Gewissen. Die Beichte bei Mutter dauerte nur kurz. Sie konnte nicht fassen, was wir gemacht hatten. Napoleon war zwar ein wilder Hahn, aber Frau Počič schätzte seine Qualitäten für ihre Hühnerzucht. Sie würde von dem Verlust schwer getroffen sein.

Mutter weigerte sich, mit uns zu Frau Počič zu gehen und den Vorfall zu beichten. „Ihr habt das angestellt, ihr müsst es auch ausbaden“, meinte sie. So warteten wir schweren Herzens auf die Heimkehr von Frau Počič. Sie winkte, als sie mit dem Fahrrad an unserem Haus vorbeifuhr. Wir fühlten uns noch schlechter. Sie war immer so nett zu uns und nun hatten wir ihren Prachthahn umgebracht. Mit herunterhängenden Köpfen traten wir unseren Bußgang an.

Abwechselnd, stammelnd, weinend berichteten wir ihr, was wir getan hatten. Sie saß schweigend da und biss sich auf die Lippen. Wir erwarteten einen Wutausbruch und schlimme Vorhaltungen. Doch Frau Počič sagte zunächst nichts. Das Schweigen zerrte an unseren Nerven. Wir fühlten uns noch schuldiger. Was würde sie machen? Was würde sie sagen? Die Minuten verrannen.

„Ihr seid's sünsta liabe Buabn", hob sie an. „Aba heit habt's a großes Unrecht toa." Sie führte uns vor Augen, dass auch die Tiere unterschiedliche Eigenschaften hätten. Napoleon sei sicher ein angriffslustiger Hahn gewesen, aber auch ein treuer und braver Zuchthahn. Ohne einen solchen könne sie keine Hühnerzucht betreiben. Sie müsse einen neuen kaufen. „Wir werden Ihnen den Schaden von unserem Taschengeld ersetzen", stammelte Max. „Des red' ma no", sagte Frau Počič. „Z'erst muas i an finden." Das sei nicht so leicht. Gute Hähne seien schwer zu bekommen.

Wir waren Frau Počič sehr dankbar, dass sie den bösen Lausbubenstreich so großherzig aufgenommen hatte und uns verzeihen wollte. Schon nach wenigen Tagen traf ein neuer, großer, friedlicher Hahn am Hof von Frau Počič ein. Er war sehr teuer gewesen und wir mussten auf den Großteil unseres Taschengeldes für den Sommer verzichten, um den neuen Hahn bezahlen zu können. Wichtiger aber war wohl die Lehre, die wir aus dem Unglück gezogen hatten: Wir hatten mehr Achtung für die Tiere am Bauernhof gewonnen. Und wir hatten gelernt, dass man für seine Fehler einstehen und die Verantwortung übernehmen muss. Das verlorene Taschengeld schmerzte noch den ganzen Sommer und erinnerte uns an unseren schlechten Lausbubenstreich.

Die alte Brücke

Der Mühlgang barg für uns viele Geheimnisse früherer Zeiten. Wir waren überzeugt, dass wir an seinen Ufern Reste früherer Besiedlungen finden könnten. Eine besonders geheimnisvolle Strecke des Baches lag auf dem Gebiet des Generals, schon fast bei der Grenze nach Lichendorf, dem nächsten Ort flussaufwärts entlang der Mur.

Ein kleiner Verbindungsweg zwischen der Überfuhr, also der Murfähre und dem Gutshaus des Generals lief über eine hölzerne Brücke. Sie war in schlechtem Zustand – eingeknickt unter der Last der Jahre ruhte sie auf morschen Pfeilern, denen das stetig fließende Wasser des Baches zugesetzt hatte.

Am Mühlgang machte eine romantische Stelle den Eindruck vollkommener Unberührtheit. Rund um die alte Brücke bildete der Mühlgang eine breitere, See-ähnliche Stelle, an der das Wasser langsamer floss. Vor der Brücke war das Wasser seicht und floss sehr rasch in den kleinen Tümpel, der an seinem Ende einen schmalen Ausfluss hatte, wo das Wasser mit größeren Wellen den kleinen Teich verließ.

Das Überqueren der alten Brücke war für uns eine lang geübte Selbstverständlichkeit, auch wenn wir stets von neuem unseren Mut zusammennehmen mussten. Georg, von der restlichen Viererbande bewundert, schwang sich stets akrobatisch über die schräg liegenden Brückenbretter, die alle nach unten in das tiefe Wasser deuteten. Wir zitterten recht und schlecht über die feuchten und glitschigen Bretter und versuchten uns daran zu erinnern, dass wir auch bei der letzten Überquerung nicht in den Bach gefallen waren und es daher wohl zu schaffen sein müsste.

Das Wasser des Tümpels spiegelte sich in der Sonne des Sommers. Es war leicht trüb – wohl wegen des lehmigen Bodens – und seine Tiefe war nicht zu erkennen. Schon der stark verwachsene Weg zur alten Brücke zeigte, dass lange Zeit niemand hierhergekommen war. Der Tümpel lag unberührt da und barg wohl auch große Geheimnisse in seiner Tiefe. Wir waren überzeugt, dass es auf seinem Grunde große Fische geben musste. Natürlich würden die Hochwasser des Spätsommers und des Frühlings den seichten Zufluss überschwemmen und auch den reißenden Ausfluss verbreitern, aber über Monate hinweg lebten die Bewohner des Mühlgangs hier wohl wie in einem kleinen Teich.

Das Ufer des Mühlgangs war auf beiden Seiten des Tümpels steil und lehmig. Nur an der dem Gutshaus des Generals zugewendeten Seite gab es einen flacheren Zugang, an dessen Ende eine erhöhte Plattform wie eine Aussichtsterrasse den Blick auf den gesamten Tümpel freigab. Dies war wohl die ideale Stelle für unser Vorhaben, eine Waldhütte zu errichten.

Wir näherten uns der Plattform, als Max plötzlich laut aufschrie: Fast wäre er auf ein Rehkitz gestiegen, das in einem unter einem vorspringenden Ast versteckten Nest aus Gras und Reisig zusammengekauert lag. Es hatte sicher in großer Panik seit Minuten unseren lauten Auftritt verfolgt und gehofft, dass wir es im Schutz der niedrighängenden Zweige einer großen Fichte nicht entdecken würden. Es gab kurze, traurige Laute von sich. Wir hatten von Vater gelernt, dass man Jungtiere niemals berühren sollte, da sie wegen des Menschengeruchs später von der Mutter verstoßen und elendiglich zu Grunde gehen würden. Es kostete uns große Überwindung, das süße Bambi nicht zu streicheln.

Schließlich zogen wir weiter und gelangten auf die Plattform, die sich bei näherer Betrachtung als noch geeigneter für einen Lagerplatz erwies, als wir gehofft hatten. An beiden Enden war sie durch hohe Fichten begrenzt. Auf der dem Bach abgewandten Seite begann hinter den Bäumen eine steile Böschung, die auf die Ebene führte. Weit in der Ferne dieser Ebene begannen die Felder des General und irgendwo dort in der Ferne lag auch sein Gutshaus.

Die Öffnungen zwischen den Baumstämmen der Fichten und der Böschung zu beiden Seiten unseres künftigen Waldhauses verschlossen wir mit dicht in den Boden gesteckten Ästen und querlaufenden Zweigen. Dann hängten wir große, dicht belaubte Äste über das Gerüst aus Zweigen und die Seitenwände der Waldhütte waren fertig. Zwei große Äste hatten wir waagrecht von der Böschung nach vorne in Astgabeln der beiden Fichten gelegt und damit eine natürliche Seitenbegrenzung des Daches geschaffen. Ein weiterer dicker Ast wurde an der Vorderkante der Hütte quer über die Äste gelegt und schon konnten wir damit beginnen, das Dach zu decken.

Es galt, möglichst viele lange Äste längs und quer auf unsere Dachträger zu legen, damit das Dach einen guten „Dachstuhl“ haben würde. Darauf legten wir dicht belaubte Äste. Wir hatten uns ausgedacht, dass wir auf diesen belaubten Dachstuhl Grasbüschel mit Erde legen würden. So würden wir unter einem lebenden Dach wohnen und die Erdschichte würde sogar bei starkem Regen einen sicheren Schutz bieten.

Doch die sumpfige Gegend rund um den Teich machte unsere Pläne zunichte. Wir versanken fast im Lehmboden und an ein „Ausstechen“ von Grasbüscheln mit Erde war nicht zu denken. So legten wir weitere Lagen aus Laub und Ästen auf das Dach und hofften, dass die über dem Dach der Waldhütte im Wind schwingenden, breiten Fichtenäste das Ihre tun würden, um den Regen von unserem Haus abzuhalten.

Es begann zu dämmern und wir hatten große Steine kreisrund zu einer Feuerstelle in unserer Waldhütte gelegt. Die Hütte hatte auf der Rückseite die Böschung als Wand, seitlich waren die Fichten in die Wände eingebaut und nach vorne war unsere Hütte offen. Wir saßen auf Fichtenzweigen und blickten auf den vor uns liegenden Tümpel hinaus.

In den nächsten Minuten, in denen wir ruhig saßen und den wunderbaren Blick auf das Wasser und die großen alten Bäume auf dem anderen Ufer genossen, begann sich das Leben auf dem Tümpel zu regen. Eine Bisamratte schwamm den Bach aufwärts. Sie muss uns wohl gesehen, gerochen oder gespürt haben, aber sie ließ sich in ihrer Besichtigung des anderen Ufers nicht stören und glitt durch das Wasser. Nach einiger Zeit des scheinbar mühelosen Schwimmens verschwand sie in den dichten Wasserpflanzen am Ufer. Dann zeigten sich an der Oberfläche des Tümpels große s-förmige Bewegungen – eine Wasserschlange durchschnitt das Wasser. Nur wenn man sich mit dem Auge an den Schlingen entlangtastete, konnte man an ihrem Ende ein kleines, schräg nach oben gerichtetes Köpfchen sehen, von dem die Wasserbewegung ihren Ausgang nahm.

Wir hatten keine Schlafsäcke mitgebracht und waren nicht auf eine Nacht im Freien vorbereitet. Auch hatten wir versprochen, zum Abendessen zu Hause zu sein. So begann, als wir das Feuer ausgetreten hatten, der nicht so lustige Teil des Heimweges – durch Brennnesselreviere, ohne Licht und nur der Nase nach. Glücklicherweise fanden wir nach einigem Suchen den Pfad, den wir beim Herweg getreten hatten. Wir folgten ihm zurück zu unseren Fahrrädern. Trotzdem brannte und juckte es überall, als wir endlich auf der Schotterstraße zurück waren – die Brennnesseln hatten uns die Störung ihrer Ruhe nicht verziehen.

Die Freuden des Winters

Winter in Weitersfeld war eine ganz besonders aufregende Zeit. Winter – das war Weihnachten, Ferien, tiefverschneite Murauen, aber auch große Kälte. Zum Schifahren fuhr unsere Familie in die Obersteiermark, wo wir in Kindberg Verwandte hatten. Unser Onkel arbeitete bei der Voest Alpine und konnte für Silvester eine Hütte, den Bauern im Eck, mieten, die dem Werk in Kindberg gehörte. Dort verbrachten wir oft den Jahreswechsel. Vor dem Haus gab es nicht nur einen wunderschönen Blick auf die Fischbacher Alpen und das Mürztal, sondern auch einen Schilift. Wir konnten direkt aus der Hütte in den Hang einfahren und der Lift brachte uns in die warme Hütte zurück.

Schifahren kam einem in den flachen Murauen nicht in den Sinn. Und doch: Ganz entfernt erinnere ich mich noch an erste Schritte, die ich mit Mini-Schi auf der Südseite unseres Wochenendhauses getan hatte. Das Christkind hatte ganz kurze, kleine Bretter gebracht und die Wiese vor dem Haus hatte gerade so viel Neigung, dass ich mehrmals hinfallen konnte, ehe ich die fünfzig Meter bis zum Mühlgang zurückgelegt hatte.

Später hatten wir ein Schi-Erlebnis der speziellen Art. Frühmorgens, noch vor dem Morgengrauen, stand die ganze Familie auf und wir wanderten die Straße bis zur Murfähre. Dick eingemummt versuchten wir der beißenden Kälte keine Angriffsfläche zu geben. Über der Mur lag dichter Nebel, in der Ferne rauschte das immerwährende Geräusch der Papierfabrik von Sladki Vrh. Bis zur Murfähre waren es etwa eineinhalb Kilometer. Mein Bruder und ich hatten kleine Rucksäcke mit unserer Jause. Vater trug die Schi. Ziel unseres Abenteuers war der Pohorje, der Bachern, der Hausberg von Marburg (Maribor).

Doch zunächst galt es, das Hindernis des Grenzflusses Mur zu überwinden. In der kleinen Zollhütte bei der Murfähre brannte sicher schon das Holz im Kachelofen, denn von Weitem konnten wir den Rauch aus dem Kaminrohr kommen sehen. Es muss windstill gewesen sein, denn der Rauch stieg kerzengerade empor, als würde das Häuschen wie eine Marionette vom Himmel aus an einem langen Seil gehalten.

Der Zöllner war doch etwas überrascht, als er die mit Skiern beladene Gruppe vor seiner Hütte sah. Trotz der frühen Morgenstunde war er bereits in Uniform und läutete beim Fährmann auf der jugoslawischen Seite, um ihn zu informieren, dass Kundschaft da war und übergesetzt werden wollte.

Das Besondere an der Überfahrt, die wir so oft gemacht und genossen hatten, war das seltsam anmutende Fährschiff: Wegen des niedrigen Wasserstandes konnte die auf zwei Pontons ruhende Fährplattform im Winter nicht fahren, weil sie zu viel Tiefgang hatte. Stattdessen wurde im Winter eine Zille eingesetzt. Diese Zille konnte sehr leicht über die Mur gerudert werden, wurde aber sicherheitshalber doch auch mit dem Laufseil gesichert.

Schon bald standen wir an der Bushaltestelle und warteten auf den Autobus, der von der Papierfabrik zurückkam.

Dort hatte er die Arbeiter abgesetzt, die am frühen Morgen aus Maribor zur Schichtarbeit fuhren. Am Rückweg war der sehr alte Bus fast leer. Umweltfreundlich war sein Motor keineswegs: eine dicke schwarze Wolke kündete sein Kommen schon aus großer Entfernung und der Dieselmotor schnaufte verdächtig, als der stark verrußte Bus vorfuhr.

Dabei hatte er erst ein Stück in der Ebene zurückgelegt und musste nunmehr auf die Hügelkette der Windischen Bühel auf der slowenischen Seite der Mur klettern. Oben angekommen lief die Straße am Kamm entlang, als könne sie sich nicht entscheiden, auf welcher Seite sie in die Ebene abfallen sollte. Lange Kehren, die wir im Schneckentempo absolvierten, wechselten mit Dorfdurchfahrten ab. Auf österreichischer Seite sahen wir in der Ebene bis zum Wildoner Berg vereinzelte Lichter in der Morgendämmerung.

Der Bus durchfuhr das noch verschlafene Maribor, passierte die Draubrücke und näherte sich bedächtig dem Berg, auf dem ich das Schifahren erlernen sollte. Wahrscheinlich gibt es in Österreich, dem Land der Schifahrer, nur wenige, die in Slowenien das Schifahren erlernt haben. Eine kleine Gondel brachte uns auf den Bachern. Die Gipfelstation lag knapp unter einem hohen Sender und nur wenige Schritte entfernt stand die Bergstation eines Kinderschleppliftes. Einen Dinar kostete die Fahrt und da es so gut ging, entschieden sich die Eltern schon nach kurzer Zeit, eine 40-Punkte-Karte zu erwerben. Von Mal zu Mal hatten wir mehr Mut und ging es schneller. Die vielen Stürze sind mir nicht im Gedächtnis geblieben, wie man sich nun einmal nur an Positives in der Vergangenheit und schon gar in der Kindheit erinnert. Meine Mutter, die als Schilehrerin fungierte, hatte es schwer, uns, die wir vom vielen ungewollten Kontakt mit

dem Schnee ganz nass waren, dazu zu bringen, zum Aufwärmen in das nahe gelegene Restaurant zu gehen.

Dort erwartete uns aber eine große Überraschung: Es gab nicht nur Wiener Schnitzel, sondern auch eine spezielle Nachspeise, die Bachern-Omelette, eine üppige Eierschaum-Omelette mit Früchten. Unser Schi-Abenteuer am Bachern haben wir immer auch wegen der Bachern-Omelette in freudiger Erinnerung behalten. Vater war schon einige Zeit im Lokal gesessen und hatte sich mit den Wirten angefreundet. Er hat mir oft erzählt, dass sie damals kein gutes Haar an den südlichen Landesteilen Jugoslawiens Mazedonien, Montenegro, aber auch an Serbien gelassen hatten. Man sei es leid, das schwer verdiente Geld in den Süden schicken zu müssen, wo wenig gearbeitet würde und große Armut herrschte. Schon damals hoffte man in Slowenien, dass das Land eines Tages sein Schicksal in die eigenen Hände nehmen würde. Es sollte jedoch noch mehrere Jahrzehnte dauern.

Unser Wochenendhaus war an fast allen Seiten von Wasserläufen umgeben. Bei Hochwasser füllten sich in den umliegenden Wäldern und entlang der Bäche kleine Tümpel, die ein reiches Tierleben beherbergten, aber oftmals von dichten Brennnesselgürteln umgeben waren. Alle diese Wasserflächen, aber auch der Mühlgang und die Schwarza, froren regelmäßig im Winter zu.

Wir Kinder hofften immer darauf, dass der Kälteeinbruch rasch erfolgen würde. Wenn die Temperaturen über Nacht in den tiefen Minusbereich absanken, erstarrte das Wasser blitzartig zu Eis und die Oberfläche war spiegelglatt. Dann wurden alle Wasserläufe und Tümpel zum Paradies für Eisläufer. Von der Mühlgangbrücke bei unserem Haus konnte man dann mehrere Kilometer auf dem zugefrorenen Bach dahingleiten. War das Eis nicht zu dick, konnte man vor allem an den ufernahen Stellen ein Knacksen und Knistern hören. Das klang gefährlich und löste bei uns ein gespanntes Kribbeln aus. Jede Flussbiegung brachte etwas Neues: Äste, die über den Bach lagen und halb eingefroren waren, behinderten das Weiterlaufen und wir mussten über sie drüber klettern. Einmal scheuchten wir einen Hasen auf, der auf dem glatten Eis eine erbärmliche Figur machte. Er schlug Haken und rutschte dabei fast jedes Mal aus, schlitterte ein Stück, blieb verdutzt sitzen und sprang wieder weiter. Erst ein großer Satz über die Böschung ans Ufer brachte ihm die Erlösung von der für ihn ungewöhnlichen Umgebung.

Ein Tümpel unmittelbar neben der Straße ins Dorf wurde zum Sportplatz der Eishockey-Spieler. Wir hatten uns aus Holzstangen und aufgenagelten Brettern Eishockey-Schläger gebastelt. Als Puck diente ein rundes Holzstück und die Tore waren auf das Eis gelegte Kleidungsstücke in einem

genau ausgemessenen Abstand. Die Matches wurden mit großer Verbissenheit und enormem Einsatz gespielt. Die Städter – dazu zählten auch andere „Zugroaste", wie die nicht dauernd in Weitersfeld wohnenden Kinder genannt wurden – traten gegen die Dorfkinder an. Ungefährlich war die Sache sicher nicht, denn wir hatten weder Helme noch Knieschützer oder irgendeinen Schutz. Die vielen Stürze auf das Eis führten zu noch mehr blauen Flecken, die an den Abenden nach den Eishockeyspielen in allen Farben an den Körpern der Spieler zu leuchten begannen.
Aber das Spiel war einfach zu lustig und spannend, als dass wir darauf wegen der blauen Flecken verzichtet hätten. Nur nach Einbruch der Dunkelheit, wenn wir den Puck wirklich nicht mehr sehen konnten, hörten wir mit dem Spielen auf. Zu diesem Zeitpunkt waren unsere Lippen trotz der intensiven Bewegung blau angelaufen. Vor allem den Tormännern war immer kalt, und keiner wollte sich ins Tor stellen.

Bei vielen Spielen bekamen wir Zuseher aus dem Dorf, die bei ihren Sonntagsspaziergängen stehen blieben und uns anfeuerten, als ginge es um etwas anderes als nur die Ehre.

Langlaufen kam erst sehr spät in Mode. Erst in den letzten Jahren hatte ich mir von meinem Taschengeld ein Langlaufset gekauft, weil ich der Meinung war, dass es nichts Schöneres geben könnte, als mit den Schiern durch die Wälder und über die Äcker zu laufen. Entlang der Straße nach Mureck wurde schließlich aus touristischen Gründen eine Loipe gespurt, die aber wenige Langläufer anzog. Meine Vorstellung der winterlichen Erkundung der Auenwälder wurde aber enttäuscht. Die Schneedecke war selten dick genug, so dass man beim Laufen in unverspurtem Gelände ständig an Ästen und Gestrüpp hängen blieb.

Die Rauchkuchl

Wie hatten die Bauern am Land früher gelebt? Für Stadtkinder wie uns war dies eine Frage, die uns viel beschäftigte. Überall in den Bauernhöfen, Ställen und Scheunen gab es altes Werkzeug. Diese Stücke waren wunderbare Zeugnisse großer Handwerkskunst. Da gab es Heugabeln, die ohne ein Stück Metall oder Nägel gefertigt worden waren. Oder die Sensen, die die Bauern während des Mähens mit dem Schleifstein wetzten. Dafür hatten sie ein wassergefülltes Kuhhorn an ihrem Gürtel hängen, in dem der Wetzstein von den Metallspänen gereinigt wurde.

Unweit unseres Häuschens befand sich eine uralte „Rachkuchl“ (Rauchkuchl). Jeden Sommer fuhren wir zumindest einmal zum daneben liegenden Bauernhof und baten, dass wir sie besichtigen durften. Der Bauer hatte schon vor einigen Jahren ein neues Haus neben das alte, noch mit Schilf gedeckte Bauerngehöft gebaut. „Sogar aus Graz kommen sie manchmal und wollen die Rauchkuchl sehen“, meinte der Bauer. „Es dürfte nicht mehr viele geben, die so gut erhalten sind wie unsere.“ Sie war wirklich schön, die alte Rauchkuchl. Sie war Teil des alten Bauernhauses, das aus einer Aneinanderreihung von verschiedenen Gebäudeteilen bestand. Die Rauchkuchl war das Herz des Gehöfts. An sie schloss sich das Schlafzimmer und auf der anderen Seite eine Speisekammer. Vor dem Schlafzimmer war ein kleiner Vorraum, durch den man das Bauernhaus betrat.

Ging man an der Wand des Schlafzimmers auf der Außenseite entlang, gelangte man zu mehreren Türen. Die erste führte in den Hühnerstall, die nächste in den Schweinestall, in dem auch eine Kuh in einem Holzverschlag stand. Hier endete das gemauerte Haus, der anschließende Hausteil hatte nur Bretterwände. Die Tür führte in den Schuppen, wo es Werkzeug, Feldgeräte und einen Hasenkäfig gab. In der Ecke konnte man auf einer kleinen Leiter auf den Heuboden gelangen. Dieser hatte einen Holzgiebel auf die Stirnseite, dessen Türe man öffnen konnte, um das Heu von einem Wagen in den ersten Stock werfen zu können, wo es den Winter über als Futter für die Tiere aufbewahrt wurde.

Die sehr niedrige Rauchkuchl war zugleich Wohnraum und Küche. Einzigartig war der Geruch, der einen beim Betreten umgab. Es war eine Mischung aus verbranntem Holz und geselchtem Fleisch. Der ganze Raum war schwarz. Alle Holzwände schienen verkohlt zu sein. Der große Kachelofen reichte bis zur Decke, an seiner Seite gab es eine kleine Türe zum Rauchfang. Diese Türe wurde geöffnet, wenn man Fleisch zum Selchen in den Abzug hängen wollte.

Rund um den Kachelofen waren Bänke angebracht. Sie endeten an einer gemauerten Holzbank gleich neben dem Ofen. Dies war sicher der gemütlichste Platz in der Rauchkuchl. Auch einen Sparherd hatte die Rauchkuchl und dann eine Holzkredenz. In der Ecke stand der große, schwere Bauerntisch, umgeben von einer Sitzecke, über der der Herrgottswinkel eingerichtet war. Neben dem Kreuz steckte ein schon verdorrter Buschen Palmkatzerln, der jedes Jahr gegen geweihte neue ausgetauscht wurde.

Wir setzten uns um den Bauerntisch und bewunderten das Herzstück der Rauchkuchl, den Kachelofen, der gleichzeitig zwei Räume beheizen konnte: die Stub'n und das danebenliegende Schlafzimmer. Er war verziert und trug die Anfangsbuchstaben der Bauernfamilie, die ihn bauen ließ.

An den Wänden der Rauchkuchl hingen zwei gestickte Bilder in Holzrahmen. Überall standen Küchengeräte. An der Wand neben der Kredenz hingen große Schöpflöffel und Siebe auf einem Holzgestell. Die Sitzmöbel wie auch die Bänke beim Kachelofen waren ganz einfach gebaut. Vier schräg wegstehende Sesselbeine, eine kleine Sitzfläche und ein schräg nach oben verlaufendes Brett als Rückenlehne.

Nach einiger Zeit hatten wir uns an den Rauchkuchl-Geruch so gewöhnt, dass wir ihn gar nicht mehr wahrnehmen konnten. Der Bauer erklärte uns, dass er mit seiner Frau ein neues Bauerngehöft gebaut hatte, weil die Rauchkuchl im Winter ganz schwer zu heizen war. Der große Kachelofen gab zwar gute Wärme ab und hielt diese auch über einige Zeit in der Nacht. Weil aber die Mauern so rasch die Wärme nach außen abgaben, musste der Bauer oder die Bäuerin im Winter jede Nacht aufstehen und Holz nachlegen.

Auch sei der Raum wegen seiner dicken Ruß-Schichten nicht sehr gesund. Seine Frau habe mit der Lunge zu tun und für sie sei der viele Staub, der im Raum herumschwirrte, nicht gesund gewesen. Andererseits biete der Raum so viele Erinnerungen an seine Kindheit, dass er ihn nicht abreißen wollte. Und seit einigen Jahren sei er nun eine große Attraktion geworden, weil es keine originalen Rauchkucheln mehr gebe.

Einige Jahre später wurde die Rauchkuchl dann doch abgerissen. Wir waren sehr traurig, als wir davon erfuhren. In unserer Erinnerung stand das alte, schilfgedeckte Bauernhaus noch immer auf der kleinen Lichtung im Wald. Man konnte es nur erreichen, indem man mit dem Fahrrad oder Auto durch eine Furt im Dorfbach fuhr, der einen großen Bogen um das Gehöft machte. Die Rauchkuchl stand wie auf einer Halbinsel. Hinter ihr begann ein dichter Wald. Sie hat für uns immer etwas Märchenhaftes, Verwunschenes gehabt.

Auf dem Weg zur Rauchkuchl kamen wir beim Krokuswald vorbei. Im Frühjahr war sein Boden mit Krokussen und Schneeglöckerln so dicht bedeckt, dass man nicht gehen konnte, ohne welche zu zertreten. Der Waldboden sah aus wie ein violett-weißer Teppich. Wir pflückten immer große Buschen für den Mittagstisch und waren ganz stolz, wenn wir zwischen den blass lila und tiefvioletten Krokussen einige der seltenen weißen in die Buschen stecken konnten.

Eine interessante Entdeckung machten wir, als wir einmal über die Fähre zum Einkaufen nach Sladki Vrh fuhren: Die Hänge der Hügel in Jugoslawien waren voll mit Frühlingsknotenblumen, die es bei uns in den Wäldern nicht gab. Dafür hatten die Jugoslawen keine Schneeglöckchen. Die Mur hatte hier eine Ausbreitung der Blumen in beiden Richtungen verhindert.

Nachts bei den Schmugglern

Sie kamen in der Nacht und es wirkte wie eine Gespenstergeschichte. Wir saßen am Nordfenster unseres Häuschens und beobachteten die Abzweigung der Straße, die beim großen Kreuz nach Mureck führte. Um Mitternacht fuhr ein unbeleuchtetes Auto an den Waldrand und parkte im Dunkel der Bäume. Dann geschah einige Zeit nichts.

Mit Vaters Feldstecher konnte man nichts sehen. Die Nacht war klar, aber mondlos. Nur die Umrisse des Waldes waren wahrnehmbar. Da, plötzlich begann ein Lichterspiel. Das Auto am Waldrand hatte am Dach Scheinwerfer montiert, die in einem seltsamen Lichterreigen abwechselnd auf- und abgeschaltet wurden. Wir konnten das Morsealphabet und versuchten zu erkennen, ob die Scheinwerfer Morsesignale aussendeten. Aber die Serien von Lichtsignalen ergaben für uns keinen Sinn.

Wolfgang war auf den Dachboden gestiegen und hatte zum Südfenster hinausgesehen, von dem man über die Mur nach Jugoslawien schauen konnte. Plötzlich schrie er auf: „Am Sladki Vrh gibt es auch Lichtsignale!“ Wir folgten Wolfgang und tatsächlich: Vom Bergrücken in Jugoslawien zuckten Lichter, in kurzen und langen Abständen. Morsesignale waren es nicht, aber es war klar, dass Nachrichten mit dem Auto an der Straße beim Waldrand ausgetauscht wurden. Wolfgang und ich waren begeistert. In den vielen

Jugendbüchern von Enyd Blyton wimmelte es nur so von Schmugglern. Und nun sollten wir Zeugen eines Schmuggels in unserer Umgebung sein? Denn was sonst sollten die Lichtersignale bedeuten.

Wir befragten die Eltern, was man wohl hier an der Grenze zwischen Österreich und Jugoslawien schmuggeln könnte. Die Antworten der Eltern machten die Sache noch aufregender. Die Eltern meinten, es könnten Flüchtlinge, aber auch Waren sein. Jedenfalls sei mit Schmugglern nicht zu spaßen und Vater wollte bereits am Morgen den Vorfall den Zollbeamten in Mureck melden.

Wir kehrten zum Nordfenster zurück und sahen zum Waldrand hinüber. Das Auto war verschwunden. War es weiter zu einer Stelle an der Mur gefahren, an der der Schmuggel stattfinden sollte? Oder waren die Schmuggler vertrieben worden? Wann würden sie wiederkommen? Oder waren sie bereits am Ufer der Mur und nahmen wertvolles Schmugglergut entgegen? Auch auf dem Hügelrücken in Jugoslawien, auf dem wir die Signale gesehen hatten, war Ruhe eingekehrt. Wir warteten noch, aber als sich die nächste halbe Stunde rein gar nichts bewegte, schickte uns Mutter ins Bett.

Wir konnten nicht schlafen. Die Sache war einfach zu aufregend. Wir beschlossen, die Schmuggler bei ihrem Handwerk zu beobachten. Heimlich würden wir uns in der nächsten Nacht, in der es Lichtsignale geben sollte, aus dem Haus hinaus schleichen und uns bei der Mur auf die Lauer legen.

Vater hatte am nächsten Morgen in Mureck angerufen und eine Meldung über den Vorfall erstattet. Die Zollbeamten hatten sich bedankt und versprachen, vermehrte Streifenfahrten zu machen. Sie meinten, dass es in der letzten Zeit häufiger zu Bootsquerungen über die Mur gekommen sei. Vater erklärte das so: Jugoslawien hatte damals nur sehr wenige Devisenreserven, also fremde Währungsreserven. Diese stammten zumeist aus den Einnahmen Jugoslawiens aus dem Tourismus, reichten aber nicht aus, um die jugoslawischen Ausgaben für Güter abzudecken, die Jugoslawien aus dem Ausland einführen musste. Da nun von diesen Waren zu wenig zur Verfügung stand, wurden am Schwarzmarkt sehr hohe Preise dafür bezahlt. Schmuggler brachten diese Güter über die Grenze und verdienten damit viel Geld.

Abend nach Abend verging. Wir hatten uns heimlich für unsere nächtliche Expedition ausgerüstet. Unser Gewand und unsere Turnschuhe lagen Nacht für Nacht bereit. Dazu Rucksäcke mit Decken, Pullovern, Taschenlampen und Schokolade. Wir wussten ja nicht, wie lange wir in einem Versteck zu bleiben hatten. Vielleicht mussten wir die ganze Nacht im Freien verbringen.

Wir hatten ausgemacht, dass wir schlafen gehen würden, wenn es wieder Lichtsignale geben sollte. Dann hofften wir, dass die Eltern ebenfalls ins Bett gingen, worauf wir uns aus dem Haus schleichen wollten. Da wir durch das Zimmer der Eltern über die Treppe zur Eingangstüre hätten gelangen müssen und Mutter einen sehr leichten Schlaf hatte, standen unsere Chancen schlecht, unentdeckt zu bleiben.

Das Glück meinte es aber gut mit uns. Die Eltern waren im Dorf bei unserem Bauern zum Tratschen eingeladen und erklärten, dass sie nicht zu spät nach Hause kommen würden. Sie gingen zu Fuß, da es bis zum Dorf nicht mehr als eine Viertelstunde zu gehen war.

Genau an diesem Abend fuhr das uns schon bekannte Auto vor und begann mit seinem Lichterkonzert. Wir hatten uns überlegt, dass der Schmuggel, falls er nach dem Austausch der Scheinwerferbotschaften am selben Abend passieren sollte, wohl auf dem Abschnitt der Mur stattfinden würde, über dem die Lichtsignale ausgetauscht wurden. Dieser Abschnitt befand sich westlich der Papierfabrik in einer Biegung der Mur. Die Mur war hier recht breit, floss aber nur langsam und hatte keine erkennbaren Hindernisse im Wasser (an anderen Stellen lagen größere Felsen im Wasser, über die das Wasser hinwegschäumte).

Hier hatten wir Heimvorteil: Viele, viele Male hatten wir Vater hierher zum Fischen begleitet. Die „Riesel" war eine seiner Lieblingsfischstellen. Vater meinte, dass es früher hier eine Staustufe gegeben habe, über die das Wasser heruntergerieselt sei, daher der Name. Schon mit seinem Vater war er regelmäßig an dieser Stelle gesessen und hatte die lauen Sommernächte genossen.

Wir zogen nun in Windeseile unser Gewand und unsere Schuhe an und verließen das Haus (wir hatten mit den Eltern vereinbart, dass wir den Schlüssel zum Haus im Blumenbeet an der Gartenmauer hinter einem großen Phlox-Busch hinterlegen würden, falls wir weggingen, wenn sie nicht da waren). Die Eltern hätten sich zu Tode geängstigt, wenn sie gewusst hätten, dass wir uns in der Nacht auf die Beobachtung von Schmugglern begaben.

Rasch liefen wir die Straße zur Überfuhr hinauf und achteten stets darauf, dass wir das schützende Blätterdach der Bäume am Straßenrand nicht verließen. Es schien kein Mond, aber die Nacht war hell. Das lag wohl an den vielen Lichtern der entfernten Papierfabrik, die vom Wolkenhimmel der Nacht zurückgeworfen wurden und die Felder entlang der Mur erleuchteten.

Als wir zur Riesel kamen, lag die Mur ganz friedlich vor uns da. Wir bogen auf einen Feldweg in ein kleines Wäldchen ein, durch das man zur Uferböschung gelangte. Am Waldrand, der den Blick zur Mur eröffnete, zweigten wir vom Weg ab und bahnten uns unseren Weg durch das Dickicht des Wäldchens. Eine Moosfläche am Rand des Wäldchens wählten wir als Standort für unseren Beobachtungsposten. Wir breiteten unsere Decken auf dem Boden aus, zogen unsere Pullover an und legten uns auf die Lauer. Nach kurzer Zeit begannen wir zu frieren. Wir deckten uns mit weiteren Decken zu und drückten uns eng aneinander.

Unsere Augen hatten sich an die Dunkelheit gewöhnt und wir überblickten von unserem Liegenplatz einen langen Abschnitt der Mur. Da die Mur weiter flussabwärts kleine, aber für ein Boot nicht ungefährliche Stromschnellen hatte und man hinter der Biegung stromaufwärts in das Sichtfeld des Zollhäuschens kam (das allerdings zu diesem Zeitpunkt nicht besetzt war), erschien der vor uns liegende Teil der Mur als idealer Übergang für Schmuggler.

Wir waren enttäuscht, dass sich nichts bewegte. Dafür wurde es immer kälter. Wir hatten schon unsere Schokolade-Vorräte aufgegessen. Doch auch die wärmende Kraft des Essens ließ allmählich nach. Es ging gegen Mitternacht.

Wir bekamen es mit der Angst zu tun, da doch die Eltern bald nach Hause kommen und uns suchen würden. Wir konnten nur hoffen, dass die vielen Geschichten, die die Sturmmayers regelmäßig zu erzählen hatten, unsere Eltern vom frühen Heimgehen abhalten würden.

Plötzlich stieß uns Georg an und hielt seinen Finger an den Mund. Er deutete in die Richtung rechts von uns, wo er das Licht einer Taschenlampe gesehen hatte. Weitere Lichter folgten. Fünf Personen stapften aus dem Wäldchen heraus. Sie trugen etwas zwischen sich. Als einer der Fünf seine Taschenlampe seitlich drehte, sahen wir das große Schlauchboot, das sie knapp über dem Boden trugen. Zu unserer Überraschung war es leer.

Vorne weg ging ein einzelner Mann. Die anderen vier trugen das Boot. Sie kamen von rechts und gingen direkt auf das Murufer vor uns zu. Das Boot wurde zu Wasser gelassen und an einem einzeln stehenden Baum am Ufer angebunden. Dann verschwanden die fünf Männer, wie sie gekommen waren. Doch nach kurzer Zeit kamen sie zurück und trugen große Säcke auf dem Rücken, die sie in das Boot legten. Mehrmals gingen sie zurück in den Wald und das Boot füllte sich zusehends. Das Boot war schließlich mit Säcken so voll, dass wir uns fragten, wo die Schmuggler selbst noch in dem Boot Platz finden würden.

Plötzlich schoss etwas vom anderen Ufer durch die Luft und schlug auf dem Boden vor uns ein. Es war ein großer Stein, an den eine Schnur gebunden war. Jemand stand also am anderen Ufer und erwartete die Schmuggler. Der Mann, der dem Boot vorausgegangen war und in der Schmugglergruppe offenbar das Kommando hatte, wickelte die Schnur vom Stein los. Dann trat er an das Ufer der Mur heran und begann an der Schnur zu ziehen. Nach einiger Zeit kam ein dickes Seil aus der Mur zum Vorschein, das an dem Einzelbaum am Ufer festgemacht wurde.

Wir lagen in unserem Versteck und trauten uns kaum zu atmen. Wir spürten keine Kälte mehr, wohl aber die Angst, dass uns die Schmuggler entdecken würden. Andererseits konnten sie kaum annehmen, dass sie in dieser Nacht beobachtet werden würden.

Dann ging alles rasend schnell: die Schmuggler hatten das Laufseil für das Boot befestigt und das Boot daran gehängt. Sie wateten in das Wasser, das an dieser Stelle nicht tief war und schoben das Boot weiter in den Fluss hinaus. Offenbar hatten sie die Schnur, die mit dem Stein aus Jugoslawien an das Ufer geworfen worden war, an dem Boot angebunden. Denn sie blieben stehen und sahen zu, wie das Boot langsam auf die andere Seite der Mur zu gleiten begann.

Die nächsten Augenblicke haben sich tief in mein Gedächtnis eingegraben: Wilde Schreie waren auf der jugoslawischen Seite zu hören. Scharfe Stimmen durchschnitten die Nacht. Dann fielen Schüsse. Wir duckten uns in Todesangst tiefer in unsere Lagerstatt, ohne die Augen von dem zu nehmen, was jetzt geschah: Das schwer beladene Boot, das sich ungefähr mitten auf der Mur befand, begann plötzlich zu sinken.

Die Schüsse, die wir gehört hatten, und die von den Hängen des gegenüberliegenden Hügels zurückschallten, hatten das Schlauchboot getroffen, das nunmehr mit seiner kostbaren Fracht in wenigen Sekunden in der Mur versank. Jetzt kam Leben in die Schmuggler. Sie rannten, was das Zeug hielt, vom Ufer zurück in das Wäldchen.

Wir erwarteten, dass aus Jugoslawien auf sie geschossen werden würde, aber kein weiterer Schuss war zu hören. Stattdessen gab es Stimmengewirr auf der anderen Seite des Flusses. Die Stimmen wurden lauter, als würde dort gekämpft. Dann Stille – unruhige Stille. Vor uns lag die Mur und floss vor sich hin, als könnte sie, die schon Jahrhunderte ihrem Weg nachgegangen war, nichts aus der Ruhe bringen.

Wir hörten Knacksen im Dickicht der Uferböschung in Jugoslawien und ein wegfahrendes Auto auf der anderen Seite des Uferwäldchens auf unserer Seite. Der vereitelte Schmuggelversuch war zu Ende. Die jugoslawischen Grenzer hatten, davon waren wir überzeugt, den Komplizen der Schmuggler gefasst.

Wir rannten nach Hause. Es war uns fürchterlich kalt, und wir hatten auch Angst vor dem Nach-Hause-Kommen, denn die Eltern würden unseren nächtlichen Ausflug sicher nicht gut heißen.

Doch zu unserer großen Freude waren sie noch nicht zu Hause. Das Häuschen lag still da. Der Abend bei den Sturmmayers musste sehr lustig und unterhaltend gewesen sein. Hatten wir ein Glück! Rasch nahmen wir den Hausschlüssel aus seinem Versteck, gingen ins Haus und kletterten auf den Dachboden. Wir versteckten die schmutzigen Turnschuhe unter den Betten und kuschelten uns fest in die Decken. Wir waren müde, aber noch immer in höchstem Maße aufgeregt. Wer waren die Schmuggler? Wie wussten die jugoslawischen Grenzbeamten von dem beabsichtigten Schmuggel? Hatte sie jemand informiert?

In der Früh weckten uns Sonnenstrahlen, die durch die Balken in unsere Zimmer drangen. Wir waren blitzschnell wach und begannen, die Nacht zu besprechen. Würden wir mehr über den Schmuggelversuch erfahren? Sollten wir unser nächtliches Abenteuer den Eltern erzählen oder würden sie sich im Nachhinein schrecklich sorgen?

Wir beschlossen, den Eltern die ganze Geschichte zu erzählen. Ungläubig saßen sie beim Frühstück und hörten unserem Bericht über den vereitelten Schmuggel zu. Vater entschied, dass wir nach Mureck fahren und die ganze Geschichte den Zöllnern erzählen sollten.

Die Zöllner in Mureck wussten bereits über den Vorfall Bescheid. Sie waren von ihren jugoslawischen Kollegen informiert worden. Sie hatten auch schon Anzeige gegen einige Bewohner des Grenzlandes erstattet, denn der von den jugoslawischen Grenzern gefasste Schmuggler hatte ausgepackt und seine Komplizen in Österreich bekanntgegeben. So war für uns nichts weiter zu tun. Wir kehrten nach Weiterfeld zurück und waren überzeugt, dass wir in diesem Sommer kein spannenderes Abenteuer mehr erleben würden.

Mit dem Waschschaff auf der Schwarza

Es war heiß, unendlich heiß. Schon in der Früh hatte Mutter alle Rollos heruntergelassen, damit es im Haus kühl bleiben würde. Im Garten hatten wir eine Dusche mit einem ganz langen Schlauch an die Pumpe angeschlossen. Das Grundwasser, das sie an die Oberfläche brachte, war normalerweise erfrischend kalt. Aber schon auf den wenigen Metern zur Dusche heizte sich das Wasser so stark auf, dass nur warmes, gar nicht abkühlendes Wasser aus ihr herausrann.

Der Wald hinter dem Häuschen verhinderte das Schlimmste. Aus ihm kam immer etwas kühle Luft und gelegentlich auch ein Windstoß, der einen richtig verwöhnte und an dessen Luft man sich nicht sattspüren konnte. Auf den Feldern ringsum brütete die Hitze. Eine Fahrt ins Freibad nach Mureck schien eine wenig gute Idee zu sein, denn lange Strecken der Straße nach Mureck lagen auf freiem Feld und in der prallen Sonne.

Georg hatte die rettende Idee. Wir sollten doch im Schwarzabach baden gehen. Er war nicht tief, floss aber mit seiner sanften Geschwindigkeit gerade schnell genug, dass das Wasser kühl sein musste. Wir überlegten noch, an welcher Stelle wir ins Wasser gehen sollten, als Max einen weiteren Einfall hatte: Warum nehmen wir nicht das große Wasserschaff, in dem Mutter normalerweise Wäsche wusch, und verwenden es als Boot? Wir könnten uns abwechseln, ja sogar Wettfahrten schienen möglich.

Mutter hatte einen großen, hölzernen Kochlöffel, den sie auch zum Umrühren der Wäsche im Bottich benutzte. Er war das ideale Paddel für unser neues Wasserfahrzeug. Mutter schien wenig begeistert. Wahrscheinlich sah sie im Geiste schon ihr Waschschaff samt Kochlöffel über die Schwarza-Fälle in der Mur verschwinden.

Wir trugen also das Waschschaff zum Bach. Es war ziemlich schwer und wir fragten uns, ob es überhaupt schwimmen würde. Es war aus Metall, oval und hatte an beiden Längsseiten einen Griff. Wir stiegen ins Wasser. Es war angenehm kühl. Der Bach hatte unterhalb der Brücke einen Schottergrund. So hatten wir einen guten Stand und die Strömung konnte uns nicht umwerfen. Wir hoben das Waschschaff ins Wasser. Ohne einen Fahrgast schwamm das Schaff sehr gut. Als sich aber Georg, der leichteste von uns, hineinsetzte, waren zwischen der Wasseroberfläche und der Oberkante des Schaffes nur mehr wenige Zentimeter Spielraum.

Das Paddeln ging eher schlecht als recht. Mit nur einem Paddel begann sich das Boot zu drehen, selbst wenn Georg an beiden Seiten des Schaffes abwechselnd ins Wasser stach. Das Schaff schwamm mit der Strömung des Baches. Eine Beschleunigung war nicht zu erreichen. Dafür war das Schaff zu träge. Nach etwa einhundert Metern mündete die Schwarza in den Mühlgang. Doch schon dieses kleine Stück hatte seine Tücken. Georg, der geschickt an Baumstrünken vorbeilenkte, saß plötzlich auf einer Sandbank auf. Das Schaff blieb ruckartig stehen und Georg schoss über die Bordkante ins Wasser. Befreit vom Gewicht des Fahrgastes schwappte das Schaff hoch und beschleunigte seine Fahrt flussabwärts. Georg kam aus dem Wasser zum Vorschein und blickte verdutzt um sich. Er hatte nicht damit gerechnet, dass ihn das Waschschaff abwerfen würde.

Nun war aber höchste Eile geboten. Das Schaff würde in den Mühlgang schwimmen und dann wohl nach einer kurzen Fahrt über die kleinen Fälle des Mühlgangs in die Mur stürzen und für uns verloren sein. Wir rannten am Ufer entlang. Das Dickicht am Ufer verhinderte, dass wir das Waschschaff weiter sehen konnten. Wir liefen um eine Baumgruppe herum, aber von dem Schaff war keine Spur mehr zu sehen. Wir eilten weiter und begannen uns im Geiste auszumalen, wie sehr Mutter mit uns schimpfen würde.

Schließlich tauchte das Waschschaff wieder auf. Es war fast randvoll mit Wasser, musste also unterwegs vollgelaufen sein. Es drehte sich im Kreis und drohte immer wieder unterzugehen. Rasche Hilfe tat Not. Max watete in das Wasser. Allerdings war der Grund an dieser Stelle lehmig: Ein kurzer Schrei, Max rutschte aus und fiel rücklings ins Wasser. Prustend tauchte er wieder auf und kämpfte sich ans Ufer zurück. Das Schaff schien das alles mit Wonne zu beobachten, begab sich aber weiter flussabwärts auf seinem Weg zur Mur. Es schwamm zu weit vom Ufer weg, als dass wir es mit einem Ast hätten erreichen können. Die Wassergeschwindigkeit nahm zu und das Schaff hoppelte seinen Weg in die weite Welt.

So leicht wollten wir uns aber nicht geschlagen geben. Wir beschlossen, weiter bachabwärts einen letzten Versuch zu starten, das Schaff zu retten. An einer besonders schmalen Stelle des Baches sollte es gelingen. Wir waren über die Felder gerannt, um genügend Vorsprung zu bekommen. Unterhalb der Mündung der Schwarza in den Mühlgang gab es eine längere schmale Stelle. Wir wateten in das kühle Wasser und verteilten uns über die Breite des Baches. Es sollte kein Durchkommen für das Waschschaff geben. Wir hatten Mühe, auf dem glitschigen Grund die Balance zu halten und nicht umzufallen. Aber wir waren guter Dinge, dass wir unser Problem doch noch gelöst hatten und das Schaff an seinen rechtmäßigen Ort zurückbringen konnten.

Doch das Schaff kam nicht. Nach einigen Minuten begannen wir zu frieren. Das Wasser stand uns bis zur Brust und begann uns gehörig auszukühlen. Wie hatten wir doch davon geträumt, der Hitze des Tages zu entgehen, und jetzt froren wir erbärmlich. Vielleicht war das Schaff hängengeblieben oder gar untergegangen. Georg blödelte, dass es vielleicht einen anderen Weg genommen habe. Uns war aber nicht zum Spaßen zumute. Was würde Mutter sagen. Nach einigen Minuten konnten wir einfach nicht mehr. Wir mussten aus dem Wasser steigen.

Niedergeschlagen traten wir den Heimweg an. Wir malten uns aus, was wir zu Hause zu hören bekommen würden. Als wir bei der Eingangstür den Garten betraten, stand dort vor dem Brunnen – das Waschschaff. Wir, die wir als letzten Rest unserer Bootsausrüstung den Kochlöffel gerettet hatten, trauten unseren Augen nicht. Wie hatte es das Schaff nach Hause geschafft? Max murmelte etwas von einem verwunschenen Waschschaff, Wolfgang stellte die Vermutung an, dass es verhext sei.

Des Rätsels Lösung war aber bald gefunden. Vater hatte hinterm Haus im Wald Holz gearbeitet und war just in dem Augenblick zur Schwarza gekommen, als das ihm bestens bekannte Waschschaff vorbeischwamm. Auch er hatte Probleme, den Griff des Schaffes zu erreichen, aber schließlich gelang es ihm, das Schaff ans Ufer zu ziehen. Unsere Bootstour im Waschschaff hatte doch noch einen glücklichen Ausgang genommen.

Mostpressen

Apfelbäume und Birnenbäume gibt es auf jedem Bauernhof in der Südsteiermark. Es sind meist keine veredelten Obstsorten, sondern Mostäpfel und Mostbirnen. Sie schmecken leicht säuerlich und sind klein. Sie haben auch keine sehr schöne Haut. Wir aßen sie gerne, wenn wir Hunger hatten. Wenn die Zeit der Ernte kam, war der Boden unter allen Bäumen dicht bedeckt mit Äpfeln und Birnen. Dann war es Zeit für das Mostpressen.

Vater half regelmäßig bei Frau Sirf beim Mostpressen. Dort wurde auch das Obst von Frau Počič mitgepresst. Die alte Mostpresse in der Scheune von Frau Sirf war ein Prachtstück. Sie bestand aus einem quadratischen Holzbecken, an dessen einer Ecke ein großer Holztrichter befestigt war. Am unteren Ende des Trichters befand sich ein Zerhacker, der mit einer Welle angetrieben wurde, die seitlich vom Holzbecken vorstand. Am Außenende hatte die Welle ein Rad, um das ein großer Lederriemen gelegt wurde. Dieser Lederriemen wiederum war am Boden um ein Laufrad eines Elektromotors gelegt, der mit ohrenbetäubendem Krach die Welle bewegte und den Zerhacker antrieb.

Kübel um Kübel wurde von einem riesigen Obsthaufen im Hof hereingetragen und in den Trichter geleert. Am unteren Ende kam eine Art Apfelmus heraus, das aber noch viele Apfelstückchen enthielt.

In der Mitte des Holzbeckens wurde ein Holzverschlag

aufgebaut. Er hatte vier Bretterseiten und war nach oben offen. In diese oben und unten offene Holzkiste wurde der Apfelmatsch eingeschaufelt. Dann legte man eine Holzplatte drauf und beschwerte sie mit Holzblöcken, die je zwei und zwei kreuzweise auf die Deckelplatte gelegt wurden.

Jetzt wurde es spannend: Ein riesiger Holzklotz, eigentlich ein Baumstamm, der viereckig geschnitten worden war, wurde langsam auf die Holzkiste niedergesenkt. Der Holzträger war von einer senkrechten Spindel durchbohrt, die ein großes Holzgewinde aufwies. Das Loch im Holzträger hatte ein ebensolches Gewinde. Am Ende der Spindel, knapp über dem Fußboden, hing ein riesiger runder Mühlstein, der die Spindel nach unten zog. Die Spindel ragte so hoch hinauf, dass der darüber liegende Heuboden an der Stelle, an der die Spindel die Holzdecke berührt hätte, ein Loch hatte, damit sie in den Dachboden hineinreichen konnte.

Die härteste Aufgabe war es nun, die Spindel mit dem unten dranhängenden Mühlstein zu drehen, damit der schwere Baum langsam abgesenkt wurde. Dazu gab es in der Spindel ein Loch, durch das eine lange Eisenstange gesteckt wurde. An jeder Seite ergriff eine Person die Stange und ging im Kreis um den Mühlstein herum. Früher hatte das ein Rind oder ein Esel gemacht.

Langsam senkte sich der große Baum auf die obersten Holzklötze des Holzbehälters mit dem Apfel- oder Birnenmus und drückte sie und mit ihnen die Holzplatte auf dem Pressobst nach unten. Sofort begann der Saft aus den Fugen des Holzbehälters und an seinem unteren Ende in das umliegende Holzbecken zu rinnen. Das Holzbecken war geneigt und der Saft rann in eine Ecke des Beckens und durch eine schmale Öffnung nach außen. Dort wurde er in großen Trögen aufgefangen.

Die Prozedur war sehr anstrengend. Denn wenn kein Saft mehr floss, musste der Holzbaum wieder hochgeschraubt werden, was viele Umdrehungen der Spindel erforderte. Dann wurde der Holzbehälter geöffnet und die trockengepressten Obstreste wurden aus der Presse herausgeschaufelt. Der Behälter wurde neuerlich gefüllt, abgedeckt, der Pressbaum abgesenkt und so fort. Das Obstpressen nahm auf diese Weise einen ganzen Tag in Anspruch.

Damit die Obstarbeiter bei Kräften blieben, brachte Frau Sirf ständig neue Leckerbissen als Jause – und Most der letztjährigen Ernte zur Stärkung. Ich durfte auch vom Most kosten. Er war erfrischend kalt, aber säuerlich. Durch die Lagerung in großen Fässern im Keller von Frau Sirf war der Süßmost des letzten Jahres schon nach einigen Wochen vergoren und alkoholhältig. Most war das beliebteste Getränk der Feldarbeiter, weil es bei der Arbeit in der Hitze des Feldes sehr gut den Durst löschte und billig in der Herstellung war.

Für uns Kinder war der Süßmost viel interessanter: Er schmeckte, als würde man in einen Apfel beißen. Wir konnten nicht genug davon bekommen. Da Vater bei der Arbeit geholfen hatte, durften wir auch viele Doppelliterflaschen Süßmost mit nach Hause nehmen. Trotz der Warnungen der Mutter, dass man von zu viel Süßmost Durchfall bekommen würde, tranken wir Unmengen. Bald merkten wir, dass Mutters Warnung berechtigt war. Von nun an tranken wir unser liebstes Sommergetränk nur mehr in kleineren Mengen.

Bald wurde die Holzpresse durch eine Elektropresse abgelöst. Damit Frau Sirf den Most auf dem Bauernmarkt verkaufen durfte, mussten alle Behälter, mit denen der Most in Berührung kam, aus leicht reinigbarem Material, zumeist Stahl sein. Die Presse aber stand noch viele Jahre in der Ecke der Scheune. Der große Pressbaum, der so gute Dienste geleistet hatte, schwebte weiter über dem Pressbecken. Auf der dem Eingang in die Scheune zugewendeten Seite war in wunderschönen alten Ziffern das Jahr festgehalten, an dem er bearbeitet, geschnitzt, mit einem Gewinde versehen und über der Presse aufgehängt worden war. Es war das Jahr 1876.

Feiertage und lustige Bräuche

Die Südsteiermark ist reich an Traditionen und Bräuchen. Das sind nicht nur bäuerliche Trachten, Dirndln für alle Tage und Festtagsdirndln, die Steireranzüge, die für verschiedene Anlässe unterschiedlich gefertigt sind, sondern das sind vor allem auch die Feiertagsbräuche.

Als Kinder freuten wir uns auf jeden Feiertag, denn alle hatten sie etwas Besonderes zu bieten. Zu Weihnachten war es der Gang in die Mette nach Mureck, der noch umso schöner war, wenn das ganze Land und die Murauen von einer dicken Schneedecke überzogen waren. Wir waren stolz, als wir das erste Mal mit durch den Schnee stapfen und bis weit nach Mitternacht aufbleiben durften.

Eine besondere Rolle hatten wir Kinder am „Unschuldige-Kinder-Tag", dem 28. Dezember, zu spielen. Wir mussten früh aus den Betten und „Frisch-und-G'sund-Schlagen". Dazu hatte Vater jedem von uns einen dicken Busch aus dünnen, langen Ästen im Wald abgeschnitten, der an seinem unteren Ende mit einer Schnur zusammengebunden war. Knapp nach dem Morgengrauen weckte uns Mutter. Wir aßen ein schnelles Frühstück und begaben uns auf unsere vormittägige Wanderschaft.

Wir begannen bei Frau Sirf und Frau Počič. Sie waren schon wach, denn sie wussten, dass sie an diesem Morgen viel Besuch bekommen würden. Wir klopften an die Türe und machten uns bereit. Als die Bäuerinnen die Türe öffneten, schlugen wir mit unseren Buschen auf ihre dicken Röcke und wiederholten mehrmals die Zauberformel: „Frisch und g'sund, frisch und g'sund, lang leb'n, g'sund bleib'n". Die so Frisch-und-G'sund-Geschlagene war überaus erfreut, hatten wir doch mit unseren Schlägen ihre Gesundheit für das nächste Jahr sichergestellt. Dafür bedankten sich die Geschlagenen mit Geldspenden, aber oft auch mit Zuckerln oder sogar Eiern. Viele Jahre später erinnerte ich mich des Frisch-und-G'sund-Schlagens, als unsere Kinder in den USA in der Nacht des Halloween von Tür zu Tür gingen und „Trick or treat" schrien, worauf sie mit Süßigkeiten überhäuft wurden. Ob diese Bräuche nicht doch ähnliche Wurzeln hatten?

Am Altjahrestag, dem 30. Jänner, gab uns Frau Sirf Ratschläge für das Silvesteressen. Nichts vom Huhn dürfe es sein, denn die „Hendln toan hintri kratz'n". Schweinefleisch und vor allem der Saurüssel sei hingegen sehr gesund, denn die „Fa'ln (die Ferkel) toan firi schiab'n", sie würden uns also rasch und glücklich ins neue Jahr bringen.

Wichtig war Frau Sirf, dass nur ein Bub am 1. Jänner alles Gute fürs neue Jahr wünschen dürfe, denn das bringe viel Glück und Gesundheit. Wolfgang und ich standen daher am 1. Jänner früh auf und erfüllten Frau Sirf den Wunsch des Neujahrswunsches aus Bubenmund. Frau Sirf zeigte sich dafür stets erkenntlich und wir konnten so unser Taschengeld aufbessern.

Ein besonders schöner Brauch ist das Maibaum-Aufstellen und das Maibaum-Klettern. Es gefiel mir auch deshalb so gut, weil die Burschen des Dorfes ihre Fähigkeiten unter Beweis stellen mussten, für ihre Liebsten einen Gegenstand vom Maibaum herunter zu holen. Das war eine echte Mutprobe, und nicht wenige sind daran gescheitert. Ich fand, dass es eine äußerst ritterliche Tat war, auf diese Weise seine Liebe zu beweisen.

Pfingsten brachte jedes Jahr eine andere Aufregung mit sich. Am Fest der Firmung gab es den Brauch, dass in der Nacht von Pfingstsonntag auf Pfingstmontag die Jugendlichen des Dorfes alles auf den Dorfplatz schleppten, was nicht niet- und nagelfest war, das heißt, was nicht in den Häusern eingesperrt war. Wehe dem Bauern, der vergessen hatte, seine Scheune zuzusperren: Sie wurde ihm unweigerlich ausgeräumt.

Alles, was in der Nacht im Dorf davongetragen wurde, schichtete die Jugend des Dorfes zu einem riesigen Haufen am Dorfplatz auf. In der Früh gab es dann ein großes Gejohle, wenn die Dorfbewohner das Werk der jugendlichen Aufräumer bewundern konnten. Ich erinnere mich an einen besonders großen Haufen, ja schon fast Hügel, der in der Mitte des Dorfplatzes aufgeschichtet war. Er bestand aus vielen Fensterbalken, Tischen, Bänken, Fahrrädern, Leiterwagen, Blumenkisterln, Möbelstücken und allerhand bäuerlichen Geräten und Werkzeugen. Die größte Überraschung aber stand auf dem Gipfel des Berges: ein Puch 500 Auto! Wie die Diebe dieses Auto dorthin gebracht hatten, war uns schleierhaft. Das hoch über dem Dorf thronende Auto war aber eine echte Sensation. Sogar aus den Nachbardörfern kamen Besucher, um das einzigartige Kunstwerk zu bewundern.

Natürlich war der Abbau des Berges aus weggetragenem Hab und Gut dann eine recht schwierige Aufgabe. Vorsichtig musste Lage um Lage abgetragen werden. Die Bewohner Weitersfelds irrten noch vielen Stunden umher auf der Suche nach verlorenen Stücken. Sie schworen sich wohl, im folgenden Jahr alles, aber auch wirklich alles wegzusperren, wenn Pfingsten vor der Tür stand.

Kartoffelbraten auf der Schotterbank

Frau Sirf hatte uns auf ihrem Dachboden kramen lassen. Das taten wir sehr gerne, denn es gab immer etwas Spannendes zu entdecken. Nur eine hölzerne Truhe durften wir nicht aufmachen. Darin bewahrte sie Erinnerungen an ihren verstorbenen Mann und die wollte sie mit niemandem teilen. Der Dachboden, der über eine schräge Leiter hinter einer Tür im Vorraum zu erreichen war, roch nach Moder und Schimmel. Zentimeterdick lag der Staub auf alten Möbel, Kästen, Geschirr und Truhen. Wann immer wir etwas fanden, das uns interessierte, brachten wir es nach unten und Frau Sirf entschied, ob wir es haben durften. Auf diese Weise hatten wir schon eine Reihe alter Werkzeuge erhalten, die wir dann in vielen Arbeitsstunden putzten und neu lackierten.

An diesem Tag hatten wir Finderglück: In einer Ecke standen drei alte Öllaternen, wie sie bei Baustellen Verwendung fanden. Mit ihrer Hilfe wurden Baustellen gesichert, indem man sie an die Absperrungen hing und so Radfahrer und Autofahrer auf die Gefahr aufmerksam machte. Die drei Öllaternen waren rostig, ihre Gläser verrußt und sie waren mit einer Staubschicht überzogen.

Frau Sirf schenkte uns die Öllampen und meinte, dass sie auch noch irgendwo Lampenöl hätte. Sie würde es uns gerne geben, aber vorher müssten wir die Lampen reinigen und feststellen, ob sie noch funktionierten. Wir liefen nach Hause und erklärten Mutter, dass wir die Lampen hinter dem Haus reinigen würden. Vater gab uns Anweisungen, wie die Lampen zu zerlegen waren, damit man die Einzelteile reinigen konnte. Es war eine mühsame Arbeit. Mit Schmirgelpapier rückten wir dem Rost zu Leibe. Bald hatten wir nicht nur vom Metallstaub silbrig glänzende Hände, sondern es begannen sich auch Blasen an unseren Händen und Fingern zu bilden.

Aber wir gaben nicht auf. Wir hatten uns in den Kopf gesetzt, dass wir in Zukunft mit den Öllampen auf Abenteuer gehen wollten. Diese Vorstellung beflügelte uns. Die Lampengläser hatte Mutter mit Spülmittel gereinigt. Es dauerte aber noch, bis wir den ganzen Rost von den drei Öllampen entfernt hatten. Als wir es schließlich doch geschafft hatten, legte Vater die Lampen in ein Ölbad, um die Metallspäne abzuwaschen. Erstaunlicherweise waren die Dochte, die man mit einem Rädchen auf der Außenseite hinauf und hinunter drehen konnte, gut erhalten. Sie bestanden aus geflochtenen Schnüren, in denen das Öl aus dem unter dem Docht liegenden Behälter hochstieg und dann an der Spitze verbrannte.

Da standen sie, die drei Öllampen: Alle drei waren silbrig, weil wir mit dem Rost auch den Lack abschmirgelt hatten. Sie wirkten wie im Rohzustand, als würden sie auf weitere Arbeitsschritte warten. Vater hatte aus seinem Geräteschuppen hinter dem Haus drei kleine Farbtiegel und drei kleine Pinsel gezaubert und wir durften die Öllampen in verschiedenen Farben lackieren. Das war keine leichte Aufgabe, denn wir durften nicht zu viel Lack verwenden, damit er nicht alles verklebte. Den Schraubverschluss des Ölbehälters durften wir nur außen lackieren, die Abdeckung des Dochtes gar nicht, sonst hätte man den Docht nicht mehr drehen können.

Wie waren wir doch stolz, als schließlich drei bunte Lampen im Sonnenlicht standen und trockneten. Noch glücklicher waren wir, dass sie auch alle drei funktionierten. Von Frau Sirf bekamen wir noch zusätzliches Lampenöl. Auch sie war von den wie nagelneu aussehenden Lampen sehr beeindruckt und meinte, wir seien richtige Künstler.

Die Lampen mussten auch noch den folgenden Tag trocknen. Doch dann waren sie bereit für das erste nächtliche Abenteuer. Wir hatten beschlossen, im Freien Kartoffel zu braten. Bei einem unserer Streifzüge in den Murauen hatten wir beim Mühlgangspitz, also der Mündung des Mühlgangs in die Mur, eine Sandbank entdeckt, die weit in die Mur hinausreichte. Dort wollten wir am Abend Kartoffel braten.

Die Vorbereitungen auf ein Jugendabenteuer sind mindestens so schön wie das Abenteuer selbst. Decken, Pullover, Wasserflaschen: All das musste in Rucksäcken verstaut werden. Mutter bot uns belegte Brote an, da sie sicher war, dass wir von den Kartoffeln nicht satt werden würden. Auch gab sie uns ein Fläschchen mit einem Mittel gegen Insektenstiche mit in den Rucksack. „Wo viel Wasser ist, gibt es auch viele Stechmücken“, sagte sie, und sie wusste, wovon sie sprach. Wir bekamen auch Vaters Thermosflaschen, die er immer zum Fischen nahm, mit heißem Zitronentee.

Es war stockdunkel, als wir aufbrachen. Wir hatten bewusst die Dynamos an unseren Rädern nicht eingeschaltet.

Unsere Augen sahen auch in der Dunkelheit genug und wir kannten unseren Weg auswendig. Wir fuhren auf dem kurzen Straßenstück über die Mühlgangbrücke, dann links den Feldweg am Kukuruzfeld, also am Maisfeld von Frau Počič entlang, bis wir zur Abzweigung zur alten Überfuhr kamen. Dort ging es links in den Wald hinein. Der Pfad wurde ganz schmal. Rechts lag unter Weiden ein Tümpel, der mit seinem sumpfigen Ufer und seinem dichten Bewuchs an Farnen und Seerosen schon am Tag wie aus einer Märchenwelt aussah. Links kam der Mühlgang ganz nahe an den Pfad heran.

Auf einem Riegel, der an einer Stelle in den Mühlgang abgerutscht war und wo der Pfad nur wenige Zentimeter breit war, fuhren wir bis zum alten Wehr. Dort wurde der Mühlgang in zwei Teile geteilt. Der rechte stürzte über das Wehr in einem großen Tumpf. Auf seiner südlichen Seite gab es zwei Ausflüsse, die sich wie Arme um eine Insel legten. Weniger als hundert Meter nach der Insel mündete dann der wieder vereinigte Mühlgang in die Mur. Der zweite Teil des Mühlganges, der für eine Mühle abgezweigt worden war, floss auf halbem Weg zwischen Weitersfeld und Mureck in die Mur. Wir nannten diese Mündung den „zweiten Mühlgangspitz".

Die Fahrt über das Wehr und dann rechts zum ersten Spitz war in der Nacht gar nicht so einfach. Man musste sehr auf den Pfad achten, denn zu beiden Seiten des Weges gab es riesige Brennnesselkolonien, in die man leicht hineingeraten konnte. In einem solchen Fall würden uns auch die langen Hosen nichts nützen, denn die frischen, jungen Brennnesseln brannten unbarmherzig auch durch die Hose.

Wir ließen die Räder am linken Ufer des Mühlgangs liegen. Um aber auf die Sandbank der Mur zu kommen, mussten wir noch auf die andere Seite des Mühlgangs gelangen. Mutter hatte darauf bestanden, dass wir alle vier unsere Stiefel anziehen mussten. Das war sicher gut gemeint, weil Mutter Angst hatte, dass wir auf der Sandbank in Wasserlöcher steigen und uns dann in der frischen Nacht mit nassen Schuhen verkühlen würden. Zum Baumklettern waren die Stiefel mit ihren rutschigen Sohlen aber denkbar ungeeignet.

Georg und Max waren mit ihren Rucksäcken schon auf der anderen Seite, Wolfgang folgte und mich als Jüngsten hatten sie zurückgelassen. Und mir, der ich sonst sehr tapfer beim Klettern war, passierte es, dass ich ausrutschte und seitlich vom Baumstamm ins Wasser fiel. Ich hielt mich am Baumstamm und an einem Ast an und wollte mich wieder hinaufzuziehen. Allerdings war ich ab der Hüfte im Wasser und hatte zu wenig Kraft dazu. Wolfgang und Georg waren schnell zur Stelle und zogen mich hoch.

Alles ging sehr schnell. Ich hatte kaum Zeit zu atmen oder zu weinen. Doch jetzt brach es in mir los. Die Dunkelheit ringsum, die Kälte des Wasser und die Angst vor dem Abgetrieben-Werden in die Mur, all das löste noch nachträglich Angstzustände in mir aus. Ich war nur schwer zu trösten. In meinen Stiefeln quatschte das Wasser bei jedem Schritt. Das war ein sehr unangenehmes Gefühl. Dazu hatte ich mir den Unterarm aufgeschunden und ich blutete.

Die Drei nahmen mich in ihre Mitte und gingen mit mir auf die Sandbank hinaus. Sie betteten mich auf eine Decke, wickelten ein Taschentuch um meinen Unterarm, zogen mir die Stiefel aus und deckten mich zu. Bald hatten sie am Ufer genug Holz gefunden, um ein Lagerfeuer zu entfachen. Als das Feuer höher emporschoss und ich seine Wärme spürte, vergaß ich meine Schmerzen und Angst. War es nicht doch schön hier zu sein? Ein Feuer unter den Sternen? Eine laue Sommernacht?

Wir zündeten unsere Öllampen an und beleuchteten den Platz, den wir als Küche ausgewählt hatten. Dort wickelten wir die mitgebrachten Kartoffeln in Alu-Folie. Damit sie knusprig und gut werden würden, brauchten wir eine starke Glut. Also mussten wir mehr Holz und auch dickere Äste finden. Auf der Sandbank gab es kaum Holz. Die Drei verschwanden Richtung Festland und kamen schon nach kurzer Zeit schwer beladen mit Schwemmholz zurück. Sie warfen mehr Holz in das Feuer, was einen Funkenflug auslöste.

Mutter und Vater hatten Bedenken, dass die jugoslawischen Grenzsoldaten keine Freude mit einem Feuer mitten in der Mur haben würden, da die Grenze zwischen Österreich und Jugoslawien ja genau in der Mitte der Mur verlief. Die Sandbank war sicher auch unter besonderer Beobachtung, da sie die Strecke, die Flüchtlinge durch das Wasser in die Freiheit zurückzulegen gehabt hätten, auf vielleicht fünfzig Meter verkürzte. Wir haben aber die ganze Nacht niemanden am jugoslawischen Ufer gesehen.

Als wir rund um das Feuer saßen und uns wie Robinson Crusoe fühlten, hatte Max die großartige Idee, dass ich meine Socken über dem Feuer trocknen könnte. Da ich meine nackten Füße nicht ständig unter der Decke halten wollte, fand ich das eine gute Idee. Ich musste die Socken ja auch für den Heimweg wieder anziehen, da die Stiefel ohne Socken fürchterlich rieben. So steckte ich also meine Socken auf zwei dünne Äste und ließ sie in mit einigem Abstand über den Flammen in das Feuer baumeln. Plötzlich machte es einen lauten Zischer und die beiden Socken begannen sich zu kräuseln und in Luft aufzulösen. Sie rollten sich zusammen, bis schließlich nur mehr ein kleines Ringerl auf den beiden Stecken baumelte. Ich hatte meine Socken verbrannt. Die anderen begannen zu lachen. Max meinte: „Trocknen solltest du sie doch, nicht verheizen." Ich fand das gar nicht lustig, musste ich doch zu Hause Mutter erklären, warum ich keine Socken mehr hatte.

Der Abend wurde aber doch noch ein ganz großer Erfolg und ein schönes Erlebnis. Wir blieben bis nach Mitternacht, denn wir wollten unbedingt den neuen Tag auf der Mur erleben und willkommen heißen. Es war kalt geworden und der Nebel begann sich über der Mur zu verbreiten. Wir hatten uns Gruselgeschichten über Ungeheuer in der Mur erzählt und hielten das Feuer die ganze Zeit am Brennen. Seine wohlige Wärme verbreitete sich über unseren Lagerplatz. Bald hatten wir eine schöne Glut, in die wir unsere Kartoffeln hineinlegten. Mutter hatte uns Butter und Salz mitgegeben. Es war ein großartiges Essen, hier im Niemandsland zwischen Österreich und Jugoslawien unter dem Sternenhimmel. Vergessen waren nasse Socken und Stiefel. Es war einfach nur schön. Auch die Kartoffeln schmeckten besser als sonst: wilder, aufregender. Und sie machten Hunger nach mehr. Also aßen wir auch noch unsere Jausenbrote und tranken Tee aus der Thermosflasche.

Wie wir nach Mitternacht über den Baumstamm zurückfanden und dann auf dem schmalen Pfad nach Hause fuhren, ohne in den Mühlgang zu fallen, weiß ich nicht mehr. Die Erinnerung an ein aufregendes Abenteuer habe ich über alle Jahre bewahrt.

Nach Mureck ins Bad

Es war drückend schwül. Selbst der kleine Wind aus dem Wäldchen hinter unserem Haus brachte keine Abkühlung. Wir lagen auf Klappbetten im Garten und duschten in regelmäßigen Abständen. Das Wasser war angenehm kühl, so wie es aus der Tiefe des Brunnens kam.

„Wollt ihr nicht doch ins Bad nach Mureck fahren?", fragte Mutter. Und ob wir wollten. Rasch hatten wir das Badezeug zusammengesucht. Danach begann regelmäßig der Streit darüber, wer mit welchem Fahrrad fahren würde. Wir hatten ein Kinderrad, mit dem ich nicht fahren wollte, weil ich schon zu groß dafür war. Wolfgang nahm den Flieger, mit dem er sehr gut fahren konnte. Aber der war eigentlich zu groß für ihn und er reichte mit den Füßen nicht ganz bis zum Boden. Wenn er absteigen wollte, musste er zu irgendeinem Bankerl oder Mäuerl fahren, damit er sich dort abstützen konnte.

Autos kamen uns auf der Schotterstraße nach Mureck fast nie entgegen, Traktoren und Fuhrwerke schon. Dann fuhr Wolfgang schon einmal mit dem Flieger in ein Feld und sprang dort vom Rad. Mutter war oft verzweifelt, wenn ich mit dem kleinen Rad immer vor Wolfgangs Vorderreifen herumfuhr und ihn verunsicherte. Wolfgang schimpfte fürchterlich und Mutter drohte mir an, dass es im Bad in Mureck kein Eis geben würde.

Die Fahrt nach Mureck war nur vier Kilometer lang und sehr abwechslungsreich. Zuerst ging es durch einen Wald, dann an einem Bauernhof vorbei, wo wir immer Angst hatten, dass der dortige Schäferhund – er war bei weitem nicht so lieb wie die Sinta von Frau Sirf – nicht an der Kette war. Dann lief er nämlich neben uns her und bellte uns ganz laut an. Da radelten wir um unser Leben. Vorbei ging es an großen Maisfeldern und an weiteren zwei alten Bauernhöfen. Dann überquerten wir die Gemeindegrenze zwischen Weitersfeld und Mureck, und nach einem Hohlweg, in dem es wegen seines dichten Blätterdaches immer so angenehm frisch war und kühl roch, sahen wir schon in der Ferne das Schloss Obermureck.

Am Ortseingang lag eine kleine Siedlung, dann bogen wir in die Straße zum Freibad ein und gelangten an den Tennisplätzen vorbei zum Freibad. Auf diesen Tennisplätzen hatten auch wir unsere ersten Gehversuche und Trainerstunden absolviert, berühmt wurde der Platz allerdings erst später, weil hier Thomas Muster einige seiner ersten Spiele austrug.

Das Freibad war nach dem Zweiten Weltkrieg gebaut worden. Es war ganz aus Holz und wenn man barfuß den überdachten Gang vor den Kabinen entlanglief – was wir beim Abfangenspielen oft machten – dann konnte man sich schon einen Holzsplitter, einen „Spal (sprich: Schpaal)“, einziehen. Im Eingangsbereich gab es ein kleines Buffet, das wir mehrmals täglich stürmten, wenn wir wieder Geld für einen Eislutscher bekommen hatten.

Das Bad hatte ein sehr schönes Fünfzigmeter-Becken und war auf einer Seite unter dem Sprungturm fast vier Meter tief. Das Dreimeter-Sprungbrett stand auf der Seite des Beckens, die nach Süden, also nach Jugoslawien gerichtet war. Weiter südlich gab es einen kleinen Platz mit zwei ganz kleinen, etwa einen Meter hohen und breiten Holzfußballtoren, wo täglich erbitterte Matches ausgetragen wurden. Obwohl die meisten Spieler aus Mureck viel älter waren, durften wir doch regelmäßig mitspielen. Wenn die Großen alleine spielten, stand ich sehr gerne hinter dem Tor, von wo man einen guten Überblick hatte. Vom Fußballplatz gelangte man durch ein Loch im Maschenzaun in die Murauen hinaus. Das Loch war notwendig, weil man immer wieder Bälle aus dem Wäldchen neben dem Bad holen musste, die über den Zaun hinausgeschossen worden waren. Natürlich hätte man durch das Loch auch unbemerkt ins Bad einsteigen können, ohne einen Eintritt zu zahlen. Aber der Eintritt war sehr billig und die meisten Gäste hatten ohnehin eine Saisonkarte.

Von dem kleinen Wäldchen führten mehrere Pfade zur Mur, die auch hier die Grenze nach Jugoslawien bildete. Vom Murufer sah man die große Murbrücke zwischen Mureck und dem jugoslawischen Ort Trate und die Zollhäuschen des Grenzüberganges.

Jedes Jahr trafen wir dieselben Murecker Kinder wieder. Wir zählten zur Murecker Jugend, auch wenn wir unter dem Jahr kaum in Mureck auftauchten. Bald trafen wir uns am Ecke des Beckens, dort wo es unter dem Sprungbrett am tiefsten war. Wie spielten „Eckengangerl“, eine Murecker Besonderheit des Abfangenspielens. Dazu wurde ein Spielfeld festgelegt, das auf zwei Seiten durch den Beckenrand und auf zwei Seiten durch eine gedachte Linie im Wasser begrenzt war. Dabei halfen die Griffstangen als Begrenzung, die über der Wasserkante am Beckenrand angebracht waren.

Nun konnte es losgehen. Einer „hatte es“, d. h. er musste einen anderen abklatschen, um „es“ los zu werden. Alle standen auf einer Seite des Beckens. Ein Gehen über die Ecke war strikt verboten. Man konnte die andere Seite des Beckens nur durch das Wasser, also durch einen Kopfsprung und Schwimmen erreichen. Wenn sich der Jäger näherte und aus dem Becken stieg, köpfelten alle anderen über ihn hinweg. Dabei musste man aufpassen, dass der Jäger nicht aus dem Wasser emporschnellte und einen an den Füßen abklatschte. Dafür hatten wir aber auch schon ein gutes Rezept: Während des Sprunges musste man die Beine in eine breite Grätsche öffnen, dann ging der Handschlag des hochschnellenden Jägers ins Leere.

Ein Eckengangerl dauerte oft mehrere Stunden. Manche nicht so schnelle Spieler verzweifelten fast daran, dass sie nie jemanden erwischen konnten. Es war wie das Hase-und-Igel-Spiel. Kaum war der Jäger auf einer Seite des Beckens angekommen, waren schon alle „Hasen“ auf die andere Seite geflüchtet.

Mutter wunderte sich immer, warum wir nie müde wurden, Eckengangerl zu spielen. Abends hatten wir dann vom vielen Köpfeln die Ohren voller Wasser und ganz verrunzelte Haut an den Fingern. Doch dann mussten wir trotz großer Müdigkeit noch die vier Kilometer zum Häuschen in Weitersfeld radeln. Und auf dieser Strecke kamen uns die vier Kilometer wie eine Ewigkeit vor. Abwechslung brachten die Tiere, die wir auf dem Heimweg beobachten konnten. Am süßesten fanden wir es, wenn Igel mit ihren Jungen die

Straßen querten. Wenn sie in der Dämmerung in großer Geschwindigkeit über die Schotterstraße trippelten, waren sie einfach zu herzig anzusehen. Igel waren auch häufig Gäste im Garten unseres Hauses.

Eines Tages fand wieder einmal ein spannendes Fußballspiel am Platz hinter dem Sportbecken statt. Die besten Fußballspieler des SV Mureck, die auch in der Meisterschaft Fußball spielten, waren in zwei Teams geteilt und kämpften verbissen um jedes Tor. Ich war stolz darauf, dass ich auf der Querlatte des Tores sitzen durfte. Der Tormann war nämlich der Sohn der Bäckermeisterin, mit der die Eltern gut befreundet waren, und der mich seit der Geburt kannte. Ich saß also hinter dem Tormann auf der Querlatte und ließ die Beine baumeln, als plötzlich ein knallharter Schuss die Torstange traf.

Verzweifelt versuchte ich mich am wackelnden Tor festzuhalten, fiel dann kopfüber nach hinten hinunter. Als ich die Augen öffnete, war ich von den Fußballern umringt. Mein Bruder hatte meine Mutter geholt, die aufgeregt herbeigerannt kam. Ich wusste für einen Moment nicht, wo ich war. Langsam stand ich auf. Mir war fürchterlich schwindlig und alles drehte sich vor meinen Augen. Der Badewärter kam ebenfalls gerannt und begleitete mich in den Erste-Hilfe-Raum. Dort erbrach ich und begann zu zittern. „Schüttelfrost“, meinte der Bademeister, „der Kleine hat einen Schock und wahrscheinlich eine Gehirnerschütterung. Hoffentlich ist nichts gebrochen.“ Mutter war völlig verängstigt und fragte, ob uns jemand zu einem Arzt bringen könne. Nach einigen Telefonaten war der diensthabende Arzt in Mureck gefunden und der Bademeister brachte uns in seinem Auto in die Ordination.

Es war eine Gehirnerschütterung und ich musste mehrere Tage im abgedunkelten Zimmer liegen. Das traf mich hart. Unsere Viererbande hatte mich als Mitglied verloren. Die Drei kamen mich regelmäßig besuchen. Aber sie konnten meine traurige Stimmung nicht wirklich aufheitern, so sehr sie sich auch Mühe gaben. Es waren schlimme Tage für mich. Denn in unserem Ferienparadies zählte jeder Tag und ich musste mir im dunklen Zimmer ausmalen, was ich in den Tagen alles versäumt hatte.

Die Insel im Tumpf

Die Insel im Tumpf, die auf beiden Seiten von einem nicht sehr breiten, aber rasch fließenden Teil des Mühlgangs umgeben war, unterhalb des Mühlgangwehres war schon oft teilweise unter Wasser gestanden, wenn der Mühlgang Hochwasser führte. In diesem Sommer war weit und breit kein Hochwasser zu sehen, und wir verbrachten viel Zeit auf der Insel.

Um auf die Insel zu kommen, mussten wir einen in ziemlicher Höhe liegenden Baum entlangklettern. Er war bei einem Gewitter von der Böschung auf die Insel gestürzt. Dabei hatte er sich in den eng nebeneinander stehenden Fichten auf der Insel verfangen und war auf deren großen Ästen in unserer Augenhöhe liegen geblieben. Wir stiegen vom Tumpf die Böschung zum Fahrradweg hinauf und kletterten auf den Baum.

Bei den ersten Besuchen hatte Georg die Äste an der Oberseite des liegenden Baumes abgebrochen. So war die Baumoberfläche glatt. Dennoch war der Übergang nicht leicht. Etwa 20 Meter mussten wir in etwa zwei Meter Höhe über dem Boden auf dem Stamm entlang laufen und durften nicht seitlich auf das Ufer bzw. in das Wasser des Mühlgangs fallen. Auf der Insel angekommen, mussten wir noch auf einer kleinen „Leiter“ hinuntersteigen. Die Leiter waren die unteren Äste einer Fichte, die wir abgebrochen hatten, sodass wir bequem vom umgefallenen Baum auf den Boden gelangen konnten.

Auf der Insel spielten wir Robinson Crusoe. Wir mussten überleben, ohne auf fremde Hilfe hoffen zu dürfen. Dabei half uns natürlich die von Mutter mitgegebene Jause.

Als erstes bauten wir ein Haus. Wir hatten einen Spaten von daheim mitgenommen und begannen unter den weit ausladenden Ästen einer Fichte zu graben. Die Fichte stand auf der Südseite des Tumpfes, sodass wir alle Wege überwachen konnten, die am Tumpf vorbeiführten. Das war zum einen der Fahrradweg von Weitersfeld nach Mureck, der beim Sticker-Bauern über einen Steg auf die Autostraße führte oder weiter bis zum zweiten Mühlgang-Spitz verlief. Das war aber auch der Pfad, der von der Wehr entlang beider Seiten des Tümpels zur ersten Mündung des Mühlganges in die Mur führte. Unser Haus war also sehr günstig gelegen. Niemand würde uns auf unserer Robinson Crusoe-Insel überraschen können.

Wir gruben mehr als einen Meter in die Tiefe und waren froh, dass sich unser Erdloch nicht mit Grundwasser füllte. Dann begannen wir das Haus einzurichten. Von der Oberfläche gruben wir Stiegen in die Erde, die wir mit Ästen belegten. Unser Dach verstärkten wir, indem wir auf die Fichtenäste andere Äste mit viel Laub darauflegten. Nach einer Weile entstand ein ganz dichtes Laubdach, von dem wir annahmen, dass es auch einem Regen standhalten würde.

In der Hütte hatten wir Sitze in die Erdwände gegraben, die wir ebenfalls mit Holz auslegten. Auf der Suche nach verwertbarem Baumaterial fanden wir auf der Insel ein angeschwemmtes Brett. Wir gruben es in die Wand unserer Erdbehausung ein und unterstützten es auf der anderen Seite mit einem dicken Ast. So bekamen wir auch einen Tisch. Der Abstand zwischen dem Boden und dem Blätterdach war groß genug, dass wir in der einen Ecke unserer Behausung ein kleines Lagerfeuer machen konnten. Das war unser natürlicher Herd. Offen war die Frage, was wir dort kochen sollten.

Beim nächsten Besuch auf unserer Insel wollten wir mehr zu essen mitnehmen als Mutters Brote, die wir allerdings jetzt hungrig verspeisten. Max meinte, dass wir unter den Ästen der Fichten direkt im Tümpel fischen könnten. Also würden wir auch unsere Fischsachen mitbringen. Es begann zu dämmern, und wir begannen den Rückweg über den umgefallenen Baumstamm. Mit jedem Mal schienen wir bei der Überquerung an Sicherheit zu gewinnen. Ganz geheuer war sie mir aber nicht.

Schon am nächsten Tag fuhren wir nach dem Mittagessen wieder zum Tümpel und kletterten auf die Robinson-Insel. Wir hatten viele neue Dinge für unsere Hütte mitgebracht: Decken und eine Tischdecke, unsere Öllampen, die wir an den Ecken der Hütte aufhängten. Das Fischen aus unserem Haus heraus war zu kompliziert, aber vom Ufer aus waren wir sehr erfolgreich. In kürzester Zeit hatten wir vier große Barsche gefangen.

Der Barsch ist ein Raubfisch, der sehr aggressiv auch auf große Köderstücke losgeht. Kleine Barsche versuchen sogar große Blinker zu schlucken und stürzen sich in voller Geschwindigkeit auf Würmer. Sie werden im Süßwasser

nicht sehr groß und daher selten als Speisefische angeboten. Wie alle Raubfische haben sie wenige Gräten und sind daher gut zu essen.
Für uns war es sehr lustig, die Barsche über dem offenen Feuer zu braten. Daneben hatten wir Kartoffel in die Glut gelegt. Mutter hatte uns vier Maiskolben mitgegeben. Die sollten wir braten, falls wir kein „Petri" hätten, also beim Fischen nichts fangen sollten.

Da saßen wir in unserer Hütte und kochten unser Überlebensessen. Eine kleine Rauchsäule aus der Ecke unseres Ofens bahnte sich den Weg durch das Laubdach ins Freie. Wir waren überzeugt, dass wir es aushalten würden, bis Robinson Crusoe von der Insel gerettet werden würde. Dass die Fische kaum Fleisch hatten, machte uns gar nichts. Es schmeckte trotzdem himmlisch. Satt wurden wir aber dann von den Maiskolben und dem mitgebrachten Brot mit Butter, das zum Mais hervorragend schmeckte.

Wenige Tage nach unserem Hüttenabenteuer auf der Robinson-Insel begann es unaufhörlich zu regnen. Der Regen fiel so dicht, dass wir die Häuser der Nachbarinnen nicht mehr sehen konnten. Wir saßen am Dachboden und spielten: Halma, Mensch ärgere Dich nicht und Domino. Uns war schrecklich langweilig. Eigentlich wollten wir zurück auf unsere Robinson-Insel. Aber das war unmöglich.

Drei Tage und Nächte dauerte der Regen und der Mühlgang schwoll gefährlich an. Wir waren heilfroh, als schließlich die Sonne zurückkehrte und das Wasser im Mühlgang fiel. Schnell nahmen wir unsere Räder und fuhren zum Tümpel bei der Wehr. Aber welch grauslicher Anblick erwartete uns! Das Hochwasser im Mühlgang hatte viel Holz mitgeschwemmt und große Mengen davon auf unserer Insel abgelagert. Eine der Fichten, die unsere „Brücke“ auf die Insel getragen hatte, war umgefallen. Das Wasser hatte ihre Wurzeln ausgeschwemmt und der Baum hatte keinen Halt mehr gehabt.

So konnten wir nicht mehr auf die Insel gelangen, ohne durch den Bach waten zu müssen. Aber ein Blick auf unsere Behausung zeigte, dass wir dort gar nicht mehr hin wollten: Es war ein Bild der totalen Zerstörung! Das Wasser hatte unser Erdloch zur Gänze aufgefüllt. Es stand bis zum Eingang. Auch das Dach war kaputt. Die Äste hatten im Dauerregen nachgegeben und unser Laubdach war eingebrochen. Mit einem Wort, Robinson Crusoes Haus war nicht mehr. Wir waren sehr traurig. Wie schön hatten wir uns unser Haus hergerichtet.

Oft sprachen wir noch von der Robinson-Insel, aber der Sommer bot genügend andere Abwechslungen. Und bald hatten wir darauf vergessen, dass uns die Natur ein schönes Spielzeug zerstört hatte.

Der Negova-See und Marija Snežna

Die Abenteuerlust hatten wir wohl von den Eltern geerbt. Eine Fahrt nach Jugoslawien war immer ein Erlebnis. Wenn wir den Grenzübergang in Mureck benützten, mussten wir unsere Reisepässe mitnehmen. Dort galt der kleine graue Grenzübertrittschein nicht. Eigentlich mussten nur Vater und Mutter die Pässe mitnehmen, denn dort waren Wolfgang und ich miteingetragen.

Unmittelbar nach der Grenze in Mureck gibt es eine Abzweigung. Links gelangt man durch das Abstallerbecken nach Oberradkersburg (Gornja Radgona), recht ging es gleich in die Hügel hinauf. Nach mehreren Kurven führt die Straße zum Schloss Obermureck, von wo man einen wunderschönen Blick auf Mureck und die Ebene hat. An klaren Tagen kann man nicht nur den Wildoner Berg, sondern sogar den Schöckel, den Hausberg von Graz sehen.

Die Bauernhöfe waren ärmlicher als in Österreich, die Menschen aber waren sehr freundlich. Wo immer wir hinkamen, wurden wir begrüßt und die Kinder entlang der Straße winkten. Wir fuhren nach Marija Snežna, einer Wallfahrtskirche im Hügelland. Das Kirchlein mit der Mutter Gottes-Statue lag auf der Spitze eines Hügels, um den sich die Häuser des Ortes wie Schokostreusel auf einem Eisgupf gruppierten. Wir blieben auf dem kleinen Platz vor der Kirche stehen und genossen den Ausblick. Vater zeigte uns einen hohen Berg am Horizont und meinte, das sei der Bachern bei Marbug (Pohorje bei Maribor), auf dessen Hängen ich das Schifahren gelernt hatte.

Wie wir es von unseren Dörfern gewohnt waren, gab es auch hier einen Kirchenwirt gegenüber der Pfarrkirche. Dort kehrten wir ein. Es gab herrliche Eisbecher und Vater lobte den Kaffee, den er serviert bekommen hatte.

Das Wirtsehepaar setzte sich zu uns. Beide sprachen sehr gut Deutsch. Es war fast unangenehm, dass niemand von uns Slowenisch sprechen konnte. Nur ein paar wenige Worte konnten wir als Zeichen der Höflichkeit sagen. Wir wollten den guten Willen zeigen, dass wir die andere Sprache schätzten. Es waren aber doch nicht mehr als kleine Gesten.

Ich erinnere mich, dass Wolfgang und ich mehrere Flascherl Frucade tranken, ein Orangengetränk, das wir von früheren Besuchen in Sladki Vrh kannten und von dem wir nicht genug bekommen konnten. Eine Flasche kostete einen Dinar und das war sehr wenig Geld.

Vater wollte wissen, ob es hier im Hügelland vielleicht einen Teich geben würde, an dem man fischen konnte. Vater war immer auf der Suche nach neuen Fischgelegenheiten. Der Wirt erzählte daraufhin, dass er einen ganz großen Karpfen im Negova-See gefangen habe. Der See liege inmitten eines Waldes und eines Erholungsgebietes der Oberradkersburger und sei sicher einen Besuch wert.

Nach einem Besuch in der Kirche fuhren wir über die Hügel zurück an die Mur und gelangten schließlich nach

Sladki Vrh. Vorbei ging es an der Papierfabrik „Paloma“ und schon waren wir auf der Straße, die wir von unserem Wochenendhaus sahen. Vater blieb stehen und wir blickten hinüber: Dort lagen das kleine Häuschen, die Bauernhöfe von Frau Sirf und Frau Počič und direkt gegenüber die Riesel, Vaters Lieblingsfischplatz an der Mur. Nach kurzer Fahrt kamen wir zur Murfähre, die wir aber heute nicht zur Überfahrt verwenden wollten. Vielmehr folgten wir der Straße ins Landesinnere, die in mächtigen Kurven auf den Hügelkamm hinaufkletterte. Nach einigen Kilometern Fahrt auf dem Kamm ging es steil bergab. Wir waren im Grenzort Šentilj angekommen.

Šentilj war ein internationaler Grenzübergang, bei dem sich im Sommer regelmäßig lange Verkehrsstaus bildeten. Alle Ostösterreicher und viele Deutsche, die auf Urlaub an die Adria reisten, mussten hier durch. Glücklicherweise gab es an der Grenze nur einen kurzen Aufenthalt. Die Zöllner verlangten, dass mein Vater den Kofferraum öffnen sollte. Sie suchten nach Waren wie Alkohol und Zigaretten, für die man Zoll zahlen musste. Die Zöllner waren sehr streng und ich war froh, als wir weiterfahren durften und wieder nach Österreich gelangten.

Den Negova-See haben wir ein anderes Mal besucht. Wir hatten ihn auf der Karte gefunden. Er war nur eine Viertelstunde Autofahrt von Oberradkersburg entfernt. Die Zufahrt war schwierig. Eigentlich war es keine Straße, die dorthin führte, sondern ein Feldweg, auf dessen Mittelriegel unser Auto regelmäßig aufsaß. Vater hatte Angst, dass er den Auspuff des Autos kaputtmachen würde. Deshalb stiegen wir auf den letzten hundert Metern vor dem See, als der Weg immer schlechter wurde, aus und gingen das letzte

Stück zu Fuß. Der Negova-See ist ein wunderschöner See, der von einem Mischwald umgeben ist. An einer Seite liegt die Straße, die zu einem Gasthaus führte. Vor dem Gasthaus gab es mehrere Stege in den See hinaus. Ein Teil des Wassers war als Freibad abgezäunt, und von einem der Stege konnte man von einem Sprungturm ins Wasser springen.

Im Gasthaus wurden auch die Fischkarten verkauft. Wir waren die einzigen Gäste an diesem Wochenende im Herbst. Der ganze See gehörte uns. Ringsum hatten die Bäume bereits tief verfärbte Blätter. Von Orange bis Rot und von Gelb bis Grün waren alle Farben an den Bäumen zu sehen. Der Pfad um den See, den wir bis in den letzten Winkel stapften, war dicht mit Laub bedeckt. Es war ein wunderschöner Flecken Erde, den wir hier unweit von der Grenze fanden. Vater hatte an diesem Tag ein großes Petri Heil und fing mit der ihm eigenen Geduld einen großen Schuppenkarpfen. Wir Kinder waren für den Ansitz auf Karpfen zu ungeduldig. Karpfen spielen nämlich oft stundenlang mit dem Köder, ehe sie ihn schlucken und sich auf die Flucht machen. Stattdessen fischten wir auf Barsche und Aitel, von denen wir einige fangen konnten.

Schön war der friedliche Sonnenuntergang am Negova-See. Die untergehende Sonne spiegelte sich im Wasser und alle Pflanzen im Wasser wurden goldgelb verzaubert. In der Dämmerung hörten wir plötzlich ein lautes Rauschen: Vor uns und nahe dem Schilfgürtel landete ein Reiher. Er blickte sich um und stolzierte vor dem Schilf auf und ab. Dann begann er mit seinem langen Schnabel den Boden nach Fressbarem zu durchsuchen. Er hatte uns wahrscheinlich bemerkt, ließ sich aber nicht aus der Ruhe bringen. Später kamen noch viele Wildenten, die wie Wasserflugzeuge auf dem See landeten. Sie wagten sich sehr nahe an uns heran, als wollten sie genau wissen, wer sich da in ihren Lebensbereich verirrt hatte. Jahre später kamen wir wieder an den Negova-See. Er hatte sich noch immer seine unveränderte Schönheit erhalten.

Alarm, die Hornisssen kommen

Sie machen einen Lärm wie Propellerflugzeuge. Sie fliegen sehr schnell und sind unberechenbar. Ihre Stiche sind sehr gefährlich, weil sie nicht nur sehr schmerzhaft sind, sondern auch einen Schock auslösen können. Die Rede ist von Hornissen, den großen Verwandten der Wespe. Und Wespenstiche sind schon schlimm genug.

Hornissen sind keine Einzelgänger. Wo sie auftauchen, gibt es auch irgendwo ein Nest. Hornissen suchen Höhlen, Astlöcher in Bäumen, Zwischenräumen in Dächern und andere geschützte Plätze als Ort für ihre Nester.

Frau Sirf erzählte uns, dass sie vor vielen Jahren einmal ein schönes Pferd verloren hatte, das an den Folgen eines Hornissen-Stiches zu Grunde gegangen war. Auch für Menschen könnten die Stiche sehr gefährlich werden. Wenn man in den Hals gestochen wird, dann kann man ersticken. Und manche Menschen würden auch den Schock des Stiches und des Hornissengiftes nicht überstehen.

Frau Sirf kam dann immer auf ihre Magd Lina zu sprechen, die im Stall von gleich drei Hornissen gestochen worden war. Lina war aber eine so kräftige Magd – sie beeindruckte uns immer, wenn sie mit bloßen Händen die schweren Anhänger für den Traktor aus der Scheune zog –, dass ihr die Tiere nichts anhaben konnten. Sie kränkelte zwar nach den

Stichen, legte sich ins Bett, fieberte wohl auch, stand aber nach zwei Tagen auf, als sei nichts gewesen und setzte ihre Arbeit am Bauernhof fort.

Wir saßen gerade hinter dem Haus im Freien, blickten auf die Bäume im Wald und hörten den Stimmen des Waldes zu. Es war Abend und wir hatten den ganzen Tag im Freibad in Mureck verbracht. Das Hoflicht an der Wand gab ein schwaches Licht und die Nacht machte sich bereit, das Leben des Waldes einzuschläfern. Plötzlich brummte etwas laut. Wir dachten an einen Nachtfalter, von denen oft große Exemplare von unserem Hoflicht angezogen wurden. Bei genauerem Hinsehen bemerkten wir jedoch eine Hornisse, die Insekten, die sich um das Hoflicht herum an der Wand niedergelassen hatten, angriff. Sie mochte wohl ein Beutestück erwischt haben, als sie sich in die Lüfte erhob und davon brummte. Sie ließ uns sehr beängstigt zurück, denn uns war klar, dass sie wiederkommen und möglichweise Artgenossen mitbringen würde.

Woher kam die Hornisse? Hatte sie sich bei ihrer Jagd verflogen und war sie nur durch Zufall in unseren Garten gekommen? Oder hatten Hornissen in der Nähe ein Nest eingerichtet? Ein Nest in unserer Umgebung wäre nicht erfreulich gewesen. Denn dann mussten wir jederzeit mit dem Auftauchen der unfreundlichen Räuber rechnen. Schon nach kurzer Zeit aber dachten wir nicht mehr an den unliebsamen Besuch.

Der nächste Abend verging ohne einen Zwischenfall. Doch am Abend danach gab es neuerlich Hornissenalarm: Mutter hatte im Zimmer das Fenster offengelassen, weil sie am Abend noch lüften wollte. Als sie die Balken und die Fenster schloss und das Licht andrehte, begann eine Hornisse im Zimmer die Lampe zu umkreisen. Mutter flüchtete aus dem Zimmer und kam aufgeregt in den Garten. Vater meinte, dass die Hornisse als Gefangene im kleinen Zimmer immer aggressiver werden würde. Beim Betreten des Zimmers würde sie wohl zum Angriff übergehen und dann könnte die Lage sehr schnell sehr brenzlig werden.

Schließlich beschloss Vater doch, die Hornisse zu vertreiben oder zu erschlagen, denn wir wollten auf das Zimmer nicht für alle Ewigkeit verzichten. Vater zog seinen dicken Lodenmantel an, setzte seine Pullmann-Mütze auf und zog Handschuhe an. Nur sein Gesicht war unbedeckt, als er mit einem Fliegenpracker bewaffnet die Zimmertüre öffnete. Wir sahen von außen durch das geschlossene Fenster zu und bewunderten Vaters Mut. Die Hornisse saß neben der Lampe auf der Zimmerdecke. Sie war vielleicht von ihren vielen Fluchtversuchen ermüdet.

Doch als Vater einen Schritt ins Zimmer machte, öffnete sie ihre Flügel und flog los. Wir hielten den Atem an. Würde die Hornisse ihn als Bedrohung sehen und zum Angriff übergehen? Würde sie erkennen, dass die einzige Stelle, an der sie einen bedrohlichen Stich anbringen könnte, Vaters Gesicht war? Was würde Vater nun tun? Sollte er sich still verhalten oder das Zimmer wieder verlassen?

Vater blieb ganz ruhig. Er schloss die Türe und lehnte sich an die Wand. Offensichtlich wollte er die Hornisse nach der Aufregung des Eintritts eines Besuchers wieder zur Ruhe kommen lassen. Aber die Hornisse wollte keine Ruhe geben. In den nächsten Minuten – und sie dauerten gefühlte Stunden – kreiste die Hornisse im Zimmer und flog dabei

bei jeder Runde gefährlich nahe an Vater vorbei. Manchmal flog sie tief unten, einige Male knapp an seinem Gesicht vorbei. Vater stand regungslos da und wartete auf den Moment, an dem er zum Angriff würde übergehen können.

Die Hornisse schien unbegrenzt lange fliegen zu können. Ihr Körper war klein, aber für lange Flüge gebaut. Und die Wut über ihre Gefangenschaft verlieh ihr sicher noch zusätzliche Kräfte.

Wo würde sie sich schließlich hinsetzen? Würde es ein Platz sein, dem sich Vater nähern konnte? Im Zimmer standen einige Möbelstücke, darunter zwei große Kästen. Was würde passieren, wenn sie sich auf den Vorhang oder einen Kasten setzen würde? Vater hätte dann große Probleme sie zu sehen oder zu finden.

Die Hornisse zog weiter ihre Kreise. Wir begannen uns vorzustellen, dass es sich um einen Wettkampf handelte, wer schneller ermüden würde. Sollte Vater seine Position an der Wand verlassen, würde die Hornisse umgehend in den Sturzflug gehen und ihn angreifen. Vater bewegte sich nicht. Ab und zu drehte er seine Augen zum Fenster, wo er unsere gebannten Blicke sah. Sein Lächeln zeigte uns, dass er sich über unsere Anwesenheit freute. Wir konnten ihm aber nicht helfen. Wir konnten nur Daumen halten, dass alles gut ausgehen würde.

Nach einer Zeit, die sich wie eine Ewigkeit anfühlte, landete die Hornisse auf einem Kastenvorsprung. Die Spannung stieg. Aber schon war das Insekt wieder in der Luft. Aber gleich darauf setzte sich die Hornisse neben die Lampe auf die Zimmerdecke und rastete von ihren Rundflügen.

Vater machte einen prüfenden Schritt nach vorne. Die Hornisse blieb sitzen. Ein weiterer Schritt – keine Regung der Hornisse. Nach einem weiteren Schritt war Vater schon in Schlagdistanz für den Fliegenpracker. Ein Fliegenpracker ist ein Instrument, das in keinem Haushalt am Land fehlt. An einer Stange ist ein Plastiknetz angebracht, dessen Maschen so klein sind, dass keine Fliege durch sie hindurch fliegen könnte. Bei einem gezielten Zuschlagen konnte eine Fliege nur schwer entkommen.

Die Frage war, ob der Fliegenpracker auch bei der viel größeren Hornisse funktionieren würde. Selbst wenn der Schlag mit dem Fliegenpracker ganz zentral auf die Hornisse niedergehen würde, müsste sie sich nur ein klein wenig zur Seite bewegen und würde dem tödlichen Schlag entgehen.

Vater wusste, dass er nur einen Versuch haben würde. Sollte er danebengehen, würde die Hornisse die Bedrohung erkennen und sich mit großer Wut auf den Angreifer werfen. Noch wenige Sekunden fehlten bis zum Augenblick der Entscheidung. Gebannt starrten wir in das Zimmer. Auf dem Sessel, auf dem ich stand, lehnte ich mich vor, um besser sehen zu können. Plötzlich gab das Fenster nach und der Fensterflügel schwang nach innen. Vor lauter Schreck fiel ich fast ins Zimmer. Mutter und Wolfgang schrien auf, Vater blickte verschreckt zum Fenster, an dessen Flügel ich mich fest geklammert hatte. Die Hornisse wusste nicht, wie ihr geschah und was der Lärm zu bedeuten hatte. Sie erkannte aber sofort ihre Chance und floh mit Höchstgeschwindigkeit durch das offene Fenster, wobei sie knapp über meinem Kopf vorbeischwirrte.

Wir waren wie unter Schock. Keiner sagte etwas. Jeder

blickte stumm um sich herum. Dann meinte Vater trocken: „Vielleicht war das die beste Lösung.“ Er zog seine schweren Kleider aus, unter denen er schon zu schwitzen begonnen hatte und verräumte sie in der Gartenhütte.

Wir hatten uns an den Tisch gesetzt und überlegten, was wir tun sollten. Der Besuch der Hornisse vor ein paar Tagen war also kein Zufall. In unserer Umgebung musste es ein Nest geben und das waren keine erfreulichen Aussichten für den Sommer.

Als wir so dasaßen und darüber nachdachten, wie wir das Nest wohl finden könnten, fiel mein Blick auf das Vogelhaus, einen sogenannten Starenkasten, den Vater hoch auf der Esche hinter dem Haus montiert hatte. Mir war, als hätte ich dort etwas aus dem Einflugloch herausfliegen gesehen. Da es ganz und gar nicht die Zeit war, in der Vögel brüten würden, machte mich die Bewegung stutzig. „Ich hab's“, schrie ich. „Das Hornissen-Nest ist im Vogelhaus!“ Ungläubige Blicke beantworteten meinen Aufschrei. Dann richteten sich alle Blicke auf das Vogelhaus. Es war schon finster, aber im Licht der Hoflampe konnte man sehen, dass beim Einflugloch des Brutkastens lebhaftes Treiben herrschte. Ja, das mussten Hornissen sein und dort hatten sie ihr Nest gebaut.

Am nächsten Morgen blickten wir erwartungsvoll zum Vogelhaus hinauf. Und tatsächlich! Dicke Brummer flogen beim Einflugloch hinein und hinaus. Wir hatten das Hornissennest gefunden. Vater rief den Feuerwehrkommandanten im Dorf an und fragte um Rat. Der meinte, dass es ein besonders starkes Hornissenjahr war und die Freiwillige Feuerwehr schon einige ausgeräuchert hatte. Sie würden am Nachmittag vorbei kommen und das Nest besichtigen.

Das große rote Feuerwehrauto mit der langen Leiter am Dach blieb vor unserem Haus stehen. Ein ungewöhnlicher Besuch. Heraus sprangen mehrere Feuerwehrleute, die trotz der großen Hitze in voller Uniform steckten. Wir baten den Kommandanten in den Garten und zeigten ihm und seinen Leuten das Nest.

„Kein Problem“, meinte der Kommandant. „Das ist ein leicht zu lösendes Problem. Viel schwieriger ist es, wenn wir ein Nest in einem Dachboden oder an einer Hausmauer haben. Das Vogelhaus wird allerdings dabei kaputt gehen.“ Das störte uns aber herzlich wenig. Lieber war es uns, dass wir nicht ständig von der Gefahr schmervoller Stiche bedroht waren. Die Erlebnisse des Vortages waren schlimm genug.

Die Feuerwehrleute brachten die Leiter in den Garten und legten sie an die Esche mit dem Vogelhaus an. Dann stieg ein Feuerwehrmann mit Gesichtsschutz auf die Leiter hinauf. „Der Gesichtsschutz ist unbedingt notwendig“, erklärte der Kommandant. „Wenn sich die Hornissen angegriffen fühlen, stechen sie wie wild zu.“ Der Feuerwehrmann auf der Leiter hatte eine lange Stange, an deren Spitze in Öl getränkte Bänder gewickelt waren. Diese zündete er jetzt an und setzte ein Feuer am Boden des Vogelhauses. Es dauert nur Sekunden, da begannen die Flammen um das ganze Haus zu züngeln. Wie ein Gewittersturm schossen Dutzende der dicken Brummer aus dem Vogelhaus und stürzten sich auf den Feuerwehrmann. Der blieb ruhig auf der Leiter stehen, denn er wusste, dass ihm die Hornissen nichts würden anhaben können.

Langsam brannte das ganze Hornissennest. Einige flogen zurück in das Vogelhaus, als wollten sie etwas retten und kamen dann nicht mehr heraus. Nach zehn Minuten war das Vogelhaus schwarz und es trat Stille ein. Die Hornissen, die den Feuerwehrmann angegriffen hatten, flogen fort und am Einflugloch gab es keine Bewegung mehr.

Mit einer langen Zange zwickte der Feuerwehrmann die Halterung des Vogelhauses durch und es fiel mit lautem Krachen zu Boden und brach sofort auseinander. Wir gingen näher, um den Inhalt zu betrachten. Es regte sich nichts, aber uns fielen die vielen eiförmigen Gebilde auf, die in Waben am Boden verstreut lagen. „Das sind alles Jungtiere, die noch nicht ausgeschlüpft sind", klärte uns der Feuerwehrkommandant auf. „In wenigen Tagen wären sie zu hunderten geschlüpft und dann hättet ihr das Haus verlassen müssen."

Wir waren froh und dankbar. Mutter lud alle Feuerwehrmänner und den Kommandanten zu Kaffee und Mehlspeise ein. Wir saßen hinter dem Haus und blickten immer wieder zum Baum hinauf, dort, wo bis vor kurzem das bedrohliche Nest gehangen war. Wie knapp waren wir doch einer Bedrohung unseres friedlichen Feriendaseins entgangen!

Woazbrat'n

„Kimmt's umma! Kimmt's umma!", Frau Sirf hatte schon mehrmals gerufen. Mutter ermahnte uns, dass es unhöflich sei, nicht hinüberzugehen, wenn Frau Sirf so eindringlich rufe. Auch Sinta, Frau Sirfs Schäferhund, kam schon getrottet. Frau Sirf hatte Sinta wohl nach uns ausgeschickt.

Es war ein schwüler Nachmittag im August und im Wettereck baute sich ein Gewitter auf. Da wir nicht beim Gewitter unterwegs sein wollten, hatten wir im Garten gespielt. Nun folgten wir Sinta auf dem Weg zur Nachbarin. Frau Sirf saß auf der Holzbank vor dem Haus und hielt nach uns Ausschau.

„Kimmt's nua eini", sagte sie freundlich. „Tua ma Woazbrat'n. I han schoa a scheans Feierl." Wir betraten Frau Sirfs Küche, die wir schon so gut kannten. Die Bretter des Fußbodens waren urig. Sie waren nicht abgehobelt und naturbelassen. Das gab der Stube einen gemütlichen Anstrich. Links neben dem Eingang stand ein großer Sparherd, das Herzstück jeder Küche im Ort. Er bestand aus einer großen Herdplatte, an deren einen Eck ein großes Rohr den Rauch in den Kamin ableitete.

Am zentralen Kamin, der mitten auf dem Dach des Hauses thronte, waren ein kleines Dach und darauf ein Wetterhahn aus Gusseisen angebracht. Der Wetterhahn drehte sich je nach Windrichtungen und gab sehr brauchbare Wetterprognosen ab. Frau Sirf hatte uns die Wetterfaustregel erklärt:

„Wan der Gockel zum Stockerwirt schaut, dann geht er saufen. Dan kimmt's schlechte Wetta. Wann er si' zu den Windischen draht, wiad's schean!" Die Windischen waren die Jugoslawen und damit die Südrichtung. Der Stockerwirt lag in Nordrichtung. Wir konnten also schon aus großer Entfernung sagen, wie das Wetter werden würde. Und es stimmte fast immer. Jetzt ging der Gockel gerade wieder saufen, was uns nicht überraschte, denn wir hatten schon die Gewitterwolken gesehen.

Aber zurück zum Sparherd. Seitlich der Herdplatte befand sich ein Wasserbehälter, der den ganzen Tag über heißes Wasser lieferte. Das war sehr praktisch, denn heißes Wasser brauchte man ständig: für den Tee, fürs Kochen, aber auch zum Waschen, denn das tat Frau Sirf in einem „Lavur", also einer Waschschüssel. Früher musste Frau Sirf hinters Haus gehen, wo sich neben dem Misthaufen ein Plumpsklo befand. Vor einiger Zeit war ihr das im Winter zu mühsam geworden und sie hatte ein WC in einen kleinen Nebenraum einbauen lassen.

Der Herd wurde durch ein kleines Ofentürl oder ein Loch in der Herdplatte beheizt, das man mit einem Schürhaken öffnen konnte. Unter der Herdplatte war ein Backrohr eingebaut und darunter eine große Lade, in der Holzscheite und Holzspäne (zum Anzünden des Feuers) gelagert wurden.

Die Küche war sonst sehr schlicht eingerichtet: Ein Küchentisch mit drei Sesseln, eine Kommode, in deren oberster Lade Frau Sirf die Eier lagerte, die sie täglich den Hühnern abnahm und eine Kredenz, in der sie ihr Geschirr aufhob. Am Fenster standen immer Blumen und ein Bild ihres verstorbenen Mannes. Auch der Herrgottswinkel durfte nicht fehlen: Ein goldenes Kreuz hing in der Zimmerecke über dem Küchentisch.

Aufregend war der Gang in die Speisekammer. Er führte über einige Stufen in einen länglichen Raum, an dessen Ende ein kleines vergittertes Fenster ein wenig Licht spendete. Was waren da nicht alles für Herrlichkeiten gelagert. In einem Regal lagen Mostflaschen: Süßmost und schon vergorener Most. Dann ein paar Doppelliter Wein. Darunter lagen die Flaschen mit dem schwarzen Gold der Steiermark, dem Kernöl, ohne das kein Salat gegessen werden konnte. Wir wuchsen mit dem Kernöl auf und liebten es über alle Maßen. Landauf landab wurden dem Kernöl auch heilende Kräfte zugeschrieben. Ich mochte schon den Geruch des Öls so gerne.

Ein großes Fass stand in der Ecke: das Fass war voll mit Verhackertem, einem Schweinfett mit Grammeln, in das Selchwürste eingelegt waren. Wenn wir sehr brav waren – was selten vorkam – oder Frau Sirf bei einer Arbeit geholfen hatten – was öfter vorkam –, dann erhielten wir ein Selchwürstel mit Verhackertem: eine wahre Leibspeise!

Die Speis hielt aber noch andere Schätze bereit: Kartoffel und Salathäuptel, die auf dem Erdboden frisch blieben, Paradeiser, Gurken, aber auch alle möglichen Obstsorten, von Äpfeln bis Birnen und Weintrauben. Die kleinen Weintrauben wurden auf den Reben im kleinen Garten und von Weinstöcken geerntet, die im Hof ein Dach über dem Schwenkbrunnen bildeten. Ein Teil davon wurde im Dorf abgeliefert und dafür bekam Frau Sirf abgefüllte Weinflaschen zurück.

Der Inhalt der Speis folgte auch dem Grundsatz, dass am Bauernhof alles in irgendeiner Form verwendet wurde. Kräuter kamen aus dem kleinen Gärtchen hinter dem Haus, wo auch Bohnenschoten, Salat, Karotten und Paradeiser angebaut wurden. Und wenn geschlachtet wurde, dann wurden wieder alle Gefäße der Speis aufgefüllt. Beim Schlachten der Schweine waren wir einmal dabei. Es war ein recht grausliches Erlebnis, als der Fleischhauer den Schlachtschussapparat an die Schläfe des Schweines setzte und dieses wie ein Felsblock umfiel.

Für mich gab es unter den Leckereien der Speis von Frau Sirf nur ein Gericht, das ich einfach nicht essen wollte: den Bluattommerl. Nach einer Schlachtung von Schweinen wurde das Schweineblut in Kübeln gesammelt. Dann wurde es gewürzt und sobald es gestockt war, wurde es in einer dicken Schicht auf das Backblech im Ofen aufgetragen. Nach einiger Zeit hatte es eine überbackene Kruste, die beim Essen knackte. Das ganze Mahl bestand eigentlich nur aus Blut und trug daher den Namen Bluattommerl, was so viel wie Blutauflauf bedeutete. Davon konnte und wollte ich einfach nicht essen.

Die Temperatur in der Speis blieb im Sommer und Winter immer gleich. Dafür sorgten die Lage – die Speis war tiefer gelegt als die Küche und fast auf dem Niveau des Kellers – und der Erdboden, der alle Temperaturunterschiede ausglich. Die Speis war die eigentliche Schatzkammer des Bauernguts.

Frau Sirf zeigte auf den Küchentisch, wo sie ein halbes Dutzend Maiskolben, noch mit den Blättern, hingelegt hatte. Wir liefen in den Hof und begannen am Misthaufen die

Blätter und die Fesen abzuziehen und die köstlichen Maiskolben bloßzulegen. Frau Sirf hatte uns gezeigt, welche Maiskolben sich zum Woazbrat'n eigneten: die Maiskörner mussten noch milchig sein. Sobald sie gelb waren, wurden sie über dem Feuer hart und zäh. Ideal war es, wenn man den Fingernagel in ein Korn hineinbohrte und eine milchige Flüssigkeit in hohem Bogen aus dem Maiskolben spritzte: Dann war der Kolben ideal zum Braten.

Wir liefen zurück ins Haus, wo Frau Sirf mit vier Bratgabeln wartete. Ein Spieß der Bratgabel wurde von unten tief in den Kolben hineingetrieben. Der andere Spieß lief die Außenseite des Kolbens entlang.

Dann öffnete Frau Sirf das Ofentürl und verteilte die Glut gleichmäßig. Das Holz oder die Briketts mussten schon gut verbrannt sein, sodass die Glut dann einen schönen roten Teppich im Ofen bildete. Wir konnten nur abwechselnd unsere Maiskolben durch das Ofentürl über die Glut halten. Wir saßen dabei auf kleinen Schemeln vor dem Sparherd. Hinter uns saß Frau Sirf auf ihrem Küchensessel und achtete darauf, dass wir den Maiskolben nicht in die Glut absinken ließen. Denn dann würde der Kolben verbrennen. Frau Sirf lobte unser Braten oder ermahnte uns, wenn wir unaufmerksam waren oder unsere Hände, die den Kolben frei in der Luft halten mussten, schwer wurden und die Kolben in die Glut hingen.

Wir wechselten uns „im Radl“ ab und jedes Mal hielten wir eine andere Seite der Kolben über die Glut. So wurden die Kolben langsam braun oder an manchen Stellen sogar schwarz. Das hieß aber nicht, dass die Körner verbrannt waren, oft war es auch nur der Ruß, der die Kolben einfärbte.

Sobald Frau Sirf fand, dass ein Kolben fertig gebraten war, rannten wir zum Brunnen im Hof. Einer musste mit dem Schwenkarm den Brunnen läuten, damit das Grundwasser aus der Tiefe gepumpt wurde. Unter dem Brunnen befand sich ein schwerer Betontrog, in dem es immer Wasser für die Tiere des Hofes, die Hühner, Sinta, aber auch für Vögel gab. Das klare Wasser spülte den Ruß von dem Kolben und kühlte ihn vorübergehend ab, sodass wir ihn von der Gabel ziehen konnten. Dann kam die Hitze aus dem Inneren wieder an die Oberfläche und oft verbrannten wir uns dabei die Finger.

Wir liefen zurück in die Küche. Frau Sirf öffnete den Geschirrschrank und nahm ein großes hölzernes Salzfass mit grobkörnigem Salz heraus. Mit einem Löffel schöpfte sie das Salz in unsere Hände und wir verrieben es entlang der Kolben.

Wenn das Braten zu Ende war, saßen wir mit Frau Sirf auf den Stufen vor dem Eingang zum Bauernhaus und sie erzählte uns ungewöhnliche Geschichten aus der Vergangenheit. Vieles davon war sicher erfunden, denn es wimmelte in ihren Geschichten nur so vor lauter geheimnisvollen Gestalten, Räubern und Landstreichern. Aber sie erzählte so überzeugend, dass wir am Ende nie genau wussten, ob nicht die Geschichten nicht doch zumindest auf wahren Begebenheiten beruhten. Da saß sie in ihrem Alltagsdirndl und mit ihren Schnürschuhen. Sie war eine sehr stolze Bäuerin, die vor langer Zeit einen großen Hof und viele Knechte und Mägde gehabt hatte. Über diese Zeit, die sie in Abstall in Jugoslawien verbracht hatte, wollte sie nie gerne reden. Mehrmals jährlich fuhr sie mit dem Fahrrad mit der Murfähre nach Jugoslawien und radelte nach Abstall, um Blumen am Grab ihrer Familie und ihres Mannes niederzulegen.

Nach dem Woazbrat'n bekamen wir noch immer etwas mit auf den Weg: jeder ein Ei oder ein Stück von einer Creme-Schnitte oder aber einen Streuselkuchen, den Frau Sirf fast immer für unerwartete Gäste bereithielt. Es waren schöne Momente bei Frau Sirf, die wir nicht nur deshalb genossen, weil der Bratwoaz so unglaublich gut schmeckte. Wir freuten uns auch darüber, dass Frau Sirf so offensichtlich glücklich darüber war, dass sie die Jugend zu Besuch hatte.

Einen Streich muss ich erzählen, den wir einmal Frau Sirf gespielt haben, der auch nicht gut für uns ausging. Gegenüber von der Eingangstür des Bauernhauses war der Hühnerkäfig, in dem die Hühner untertags herumspazierten und in der Erde nach Mistwürmern pickten. Jeden Morgen öffnete Frau Sirf in der Tür zum Hühnerstall eine kleine Klappe und die Hühner spazierten heraus. Wenn alle Hühner im Gehege waren, schloss Frau Sirf die Klappe und ging in den Hühnerstall um die Eier, die von den braven Leghennen in die Nester gelegt worden waren, abzunehmen.

Um die Hühner zum Eierlegen zu bewegen, lag in jedem Nest ein „Bül Oa", ein Ei aus Gips, das einem echten Ei täuschend ähnlich sah. Es war etwas schwerer als die echten Eier. Wir Kinder gingen gerne Eier abnehmen und brachten Frau Sirf voller Stolz das Resultat der Bemühungen der Hennen. Frau Sirf inspizierte die Eier und legte sie in die Lade in der Küchenkommode. Einige wurden direkt in der Speis in große Eierformen gelegt. Sie wurden zweimal in der Woche von einem Bauern abgeholt, der sie für Frau Sirf am Bauernmarkt in Mureck verkaufte.
Eines Tages kamen wir auf die Idee, wir könnten einige der Eier in der Speis gegen Bül Oa austauschen. Was wäre das doch für ein Spaß, wenn die Kunden des Bauernmarktes zu

Hause versuchen würden, die Gipseier in eine Pfanne zu schlagen. Wir malten uns das verdutzte Gesicht der Köche aus, die mit Bül Oa kochen würden. Das Schicksal meinte es gut mit uns, denn durch Zufall hatte Mutter keine Eier im Haus. Sie wollte für das Wochenende für den Besuch einer befreundeten Familie Germgugelhupf – eine großartige Mehlspeise – backen und benötigte dringend Eier. Sie ging wie so oft zu Frau Sirf und kaufte ihr Eier aus ihrem Vorrat ab.

Dass sie genau die Bül Oa aus der Speisekammer von Frau Sirf auswählen würde, war ein unglaublicher Zufall. Vielleicht sahen die Gipseier besonders schön aus. Zuhause angekommen, begann Mutter das Backwerk. Wir, die wir im Garten spielten hörten plötzlich ein lautes Klirren und einen Schrei. Mutter hatte beim Versuch, die Gipseier in eine Glasschüssel aufzuschlagen, die Glasschüssel zerschlagen. Wir liefen in die Küche und sahen die Bescherung. Als wir die Eier am Boden liegen sahen, kam uns ein schlimmer Verdacht. Wir sahen Unheil auf uns zukommen und dachten, dass es besser wäre, Mutter die ganze Geschichte zu beichten. Sie war sehr unglücklich, weil ihre beste Glasschüssel wegen unseres Streiches kaputt gegangen war.

„Aber noch immer besser, das passiert mir, als einem Kunden von Frau Sirf", meinte Mutter. „Stellt euch vor, der Bauer hätte doch nie wieder Eier von Frau Sirf gekauft. Ihr müsst doch ein bisschen an die Folgen denken, wenn ihr euch eure Streiche ausdenkt!" Am Nachmittag mussten wir dann auch noch Frau Sirf die Geschichte erzählen. Sie lachte nur und meinte, dass Mutter sicher schon genug mit uns geschimpft habe. Von da an haben wir die Bül Oa in Ruhe im Nest liegen lassen.

Kanada

Es ist viele Jahre später. Die Bäume fliegen an den Fenstern vorbei. Die Straße ist schnurgerade und nur ganz selten kommt ein Auto vorbei. Ich sitze am Steuer eines großen Wohnmobils. Neben mir vertieft sich meine Tochter in die Landkarte. Meine Frau und unser Sohn spielen am Tisch hinter mir.

Wir sind in Montana, einem amerikanischen Bundesstaat, der fast fünf Mal so groß ist wie Österreich. Noch gestern waren wir im Yellowstone National Park bei den Bisons. Unser heutiges Ziel ist Kanada, das wir am Weg durch den Glacier National Park erreichen wollen.

Kanada, K-a-n-a-d-a. Es wird das erste Mal sein, dass ich dieses Land betrete. Seit meiner Kindheit übt es eine magische Anziehungskraft auf mich aus. Mehr als hundert Mal so groß wie Österreich ist es. Seine unendliche Weite verliert sich in der Tundra und den Eisfeldern, wo ein Leben für den Menschen fast nicht möglich ist. Es war jene Weite des Landes, die wir als Kinder erforschen wollten; eine unendliche Wildnis, die wir mit Karte und Kompass und den Tricks der Trapper überlisten wollten: Überleben in der Wildnis.

Die immer gleiche Straße vor mir, die bis zum Horizont keine Biegung und kein Ende hat, erlaubt es mir, die Gedanken schweifen zu lassen. Vor meinen Augen kommen die Erinnerungen an die Auenwälder in Weitersfeld zurück.

Kanada war unser Jugendtraum, für den wir uns in Weitersfeld vorbereiten wollten. Unsere Expeditionen durch die „Wildnis" der Steiermark sind plötzlich zurück, als hätten wir sie gestern gemacht.

Plötzlich fehlt mir Weitersfeld mehr als an anderen Tagen. Weitersfeld war Abenteuer und Geborgenheit – ein kleines, aber reiches Stückchen Erde mit seinen Bächen und Seen, seinen Wäldern und Bauernhöfen, das einen in seiner Urtümlichkeit und Unberührtheit gefangen genommen hat. In meinen Gedanken saßen wir an einem Sommerabend hinter dem Haus und spielten, als Sinta um die Ecke trottete und uns holen kam, weil Frau Sirf vielleicht den Bratwoaz hergerichtet hatte und wir zum Braten kommen sollten, oder weil sie ein frisches Brot gebacken hatte. Mir fiel der Geruch der Stub'n ein, das Knistern des Feuers und das große Salzfass aus der Speis, die immer leicht nach Moder roch.

Kanada – das Land der Einwanderer. Auch wir waren aus der Stadt in die Südsteiermark eingewandert und hatten herzliche Aufnahme bei den Bäuerinnen und Bauern des Murfeldes gefunden. Sie führten kein leichtes Leben: Zur harten landwirtschaftlichen Arbeit kamen Rückschläge, wie Hochwässer, die die ganze Ernte zerstörten. Aber sie sind stolz auf ihre Traditionen und lieben das Land entlang der Mur.

Was mag durch ihre Köpfe gegangen sein, als die Mur aufhörte, Grenzfluss zu sein? Die Grenzbalken zwischen der Steiermark und Slowenien gibt es nicht mehr. Wir sind alle Europäer. Das Grenzland entwickelt sich seither besser. Es ist nicht mehr das Land an der toten Grenze, am Eisernen Vorhang. Die Straßenverbindungen nach Graz machen es möglich, dass man einen guten Arbeitsplatz in Graz haben und dennoch im Murfeld leben kann.

Grenzkontrolle. Wir fahren nach Kanada hinein. Tausende Kilometer entfernt, irgendwo in der Wildnis der Northwest Territories, liegt jenes Stück Land, von dem wir in Weitersfeld geträumt hatten. Dort würden wir eine Blockhütte bauen und uns vom Jagen und Fischen ernähren. Dafür hatten wir uns vorbereitet, als wir durch das Dickicht des Brunnseer Waldes zum Eisbachteich vordringen wollten und im Brennnesselfeld zu liegen kamen. Oder wenn wir Fische und Kartoffel am offenen Feuer auf der Sandbank in der Mur grillten.

Um mich herum sind alle eingeschlafen. Der Tempomat hält das Wohnmobil mit immer gleicher Geschwindigkeit auf dem Kurs nach Norden. Irgendwo dort wollten wir sein, aber unsere vertraute Weitersfelder Umgebung hätten wir wohl auch dort vermisst.

Schlussbemerkung

Jeder hat sein Weitersfeld: Erinnerungen an die schönen Momente der Jugend. Im Rückblick verklären sich die Erinnerungen. Auch meine Eltern, die der Nachkriegsgeneration angehören, erzählten voll Begeisterung von Abenteuern und Glücksmomenten, auch wenn sie harte, für uns heute unvorstellbare Zeiten durchleben mussten.

Nur selten kamen in meiner Jugend in der Südsteiermark die dunklen Seiten der Vergangenheit zum Vorschein, etwa wenn es um ethnische Auseinandersetzungen zwischen den Bevölkerungsgruppen in Slowenien ging, die in wechselseitigem Morden und Vertreibungen gipfelten. Oder wenn die Erinnerungen an den Zweiten Weltkrieg wach wurden und mein Vater vom Bau der Panzerabwehrwälle an der Ostgrenze der Steiermark erzählte, an denen er als 15-jähriger mitarbeiten musste.

Bis heute tut es mir leid, dass ich zwar in der Südsteiermark mein Interesse für die Geschichte und andere Kulturen entwickelte, aber nie den Versuch unternahm, die Sprache der Nachbarn jenseits der Mur zu erlernen. Später, beim Russisch-Studium in Graz hatte ich „Aha-Erlebnisse", wenn ich Worte wiederfand, die mir aus der Jugend vertraut waren. Das Slowenische begleitete uns in der Südsteiermark aber dennoch auf Schritt und Tritt, denn der südsteirische Dialekt, dem schon meine Großmutter, eine Germanistin, ihre wissenschaftliche Forschung widmen wollte, hat viele Ausdrücke aus dem Slowenischen aufgenommen. Aber die

Grenze und ihre trennende Kraft hat die natürliche Begegnung der Bewohner beider Seiten der Mur empfindlich gestört, ja behindert.

Meine Eltern brachten uns immer wieder in das slowenische Grenzland, das wir wegen seiner freundlichen Menschen und seiner lieblichen Hügellandschaft stets gerne besuchten. Zu einem regelmäßigen Kontakt mit der Jugend Sloweniens kam es leider nicht. Denn die Jugend des damaligen Jugoslawiens konnte nicht ungehindert reisen. An jenen Orten, wo wir Freundschaften schlossen, im Bad in Mureck, bei der Wasserrettung, in der Stadtbibliothek und auf dem Spiel- und Sportplatz fehlten die Kinder von „drüben".

Weitersfeld war nicht nur im Rückblick, sondern tatsächlich paradiesisch, eine wunderschöne Landschaft, mit alter Kultur und Naturschönheiten. Meine Eltern taten alles, um diesen Kindertraum noch schöner zu gestalten. Für sie war es wichtig, dass mein Bruder und ich unbeschwerte Ferien verbringen konnten. Sie erreichten damit, dass wir das Leben auf dem Lande in uns aufnahmen und schätzen lernten. Und wir sammelten Kraft für den Alltag in der Stadt. Die Freiheit der Freizeit erlaubte uns, das von Regeln geprägte Schulleben zu akzeptieren. Unsere Köpfe waren nach den Ferien oder einem Wochenende in unserer kleinen Welt Weitersfeld frei für Neues. Voll Neugierde und Wissensdrang kehrten wir zur Pflicht zurück, denn die wahre Freiheit hatten wir in Weitersfeld genießen können.

Ich wünsche jedem Kind und Jugendlichen, dass sie einen Kraftpol der erfüllten Träume erleben dürfen, wie uns dies gegönnt war. Er verleiht Stabilität, legt das Koordinatensystem der Werte fest und verankert das Dasein mitten im Leben. Aus den Jugenderinnerungen schöpft man die Perspektiven und Träume für sein ganzes Leben. Glücklich ist, wer stets gerne auf einen gedanklichen Spaziergang in seine Jugend geht. Ihm wird um die Zukunft nicht bange sein!

„FAST VERGESSEN" porträtiert Menschen, die altes, oft im Aussterben begriffenes Handwerk mit geradezu philosophisch anmutendem Selbstverständnis, einem Höchstmaß an Präzision und leidenschaftlicher Hingabe betreiben. Noch detailreicher und damit eindrucksvoller, veranschaulichen Bilder und Texte in diesem Buch die überlieferten und durch ein ganzes Berufsleben hindurch perfektionierten Handgriffe von wirklichen Meistern ihres Faches.

Christine Frenkenberger · Walter Seitz-Krautstorfer
Björn Thönicke
FAST VERGESSEN
Handwerkliches Erbe

180 Seiten, 21 x 21 cm
Gebunden mit SU
€ 24,99 · ISBN: 978-3-7012-0099-3

styria regional

IMPRESSUM

ISBN 978-3-7012-0107-5

Bücher aus der Verlagsgruppe Styria gibt es
in jeder Buchhandlung und im Online-Shop

Lektorat: Reinhard Deutsch
Buchgestaltung: Bruno Wegscheider

Druck: Druckerei Theiss GmbH,
St. Stefan im Lavanttal
7 6 5 4 3 2 1